DEUS
EM QUESTÕES

Conheça
nossos clubes

Conheça
nosso site

- @editoraquadrante
- @editoraquadrante
- @quadranteeditora
- Quadrante

DEUS
EM QUESTÕES

André Frossard

2ª edição

Tradução
Maria Cecília de M. Duprat

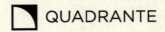

Título original
Dieu en questions

Copyright © 1991 by Desclée de Brouwer, Paris
Copyright © 1991 by Stock / Laurence Pernoud, Paris

Capa
Karine Santos

Dados Internacionais de Catalogação na Publicação (CIP)

Frossard, André (1915-1995)

Deus em questões / André Frossard; tradução de Maria Cecília de M. Duprat. — 2ª ed — São Paulo : Quadrante, 2025.

ISBN: 978-85-7465-780-6

1. Teologia cristã 2. Dúvidas e descrenças 3. Assuntos controversos em religião I. Autor II. Título

CDD 230 / 239.7 ; 209

Índice para catálogo sistemático:
1. Teologia cristã – 230
2. Dúvidas e descrenças – 239.7
3. Assuntos controversos em religião – 209

Todos os direitos reservados a
QUADRANTE EDITORA
Rua Bernardo da Veiga, 47 - Tel.: 3873-2270
CEP 01252-020 - São Paulo - SP
www.quadrante.com.br / atendimento@quadrante.com.br

Sumário

Nota editorial	9
Apresentação	15
Por que viver?	17
Que vem a ser a fé?	21
Quem é você, André?	25
Será possível converter-se em dois minutos?	29
O cristianismo fracassou	35
Para que servem os dogmas?	39
Não terá o homem inventado os deuses	43
para poder sentir-se seguro?	43
Por que existem tantas religiões?	45
Quem é Cristo?	49
Que é a verdade?	53

Como reconhecer se alguma coisa é verdadeira?	55
Pode-se dizer que algo é belo?	57
Pode-se ser objetivo?	61
Ciência e fé são compatíveis?	65
A fé e o Big Bang	69
E se a ciência viesse a demonstrar que Deus não existe?	73
Dizer "Deus" responde a alguma coisa?	75
Que se pode afirmar a respeito de Deus?	77
E Deus, quem o criou?	81
Prove-me a existência de Deus	83
Deus é da esquerda ou da direita?	91
Por que Deus não se mostra?	93
O relato da Criação, na Bíblia, é um poema?	97
Como ler a Bíblia?	99
Pode-se crer em milagres?	103
De que adianta crer?	109
Como crer?	113
Maria?	117
Será preciso rezar?	121
Que se pode dizer sobre o amor?	125
Como saber que estamos amando?	127

Por que casar-se?	129
Por que os padres não se podem casar?	133
A Igreja está superada	137
A Igreja é misógina	141
Por que a Igreja intervém na vida privada?	145
A lei natural	147
A bioética	153
O gênio genético	155
A AIDS	159
A liberdade	161
Devem-se batizar os recém-nascidos?	163
O conhecimento é um mal?	165
O pecado original (I)	167
O pecado original (II)	171
Por que há injustiça no mundo?	179
Que existe depois da morte?	181
O sofrimento	185

Nota editorial

No dia 8 de julho de 1935, um rapaz de vinte anos entrava numa capela de Paris à procura de um amigo, com quem tinha combinado jantar. Chamava-se André Frossard. Era filho do líder sindical L. O. Frossard, jornalista e primeiro-secretário-geral do Partido Comunista francês. Dizia-se "cético e ateu de extrema esquerda. Ainda mais do que cético, ainda mais do que ateu, indiferente e ocupado em coisa bem diversa do que um Deus que nem pensava mais em negar".

Cinco minutos depois, saía de lá "católico, apostólico, romano, transportado, levantado, retomado e envolvido pela onda de uma alegria inexaurível".

Trinta e quatro anos mais tarde — jornalista de renome, autor de uma crônica "quase diária" na primeira página do *Figaro*, o jornal francês de maior tiragem —, contaria a sua conversão num livro que passou longo tempo nas listas de *best-sellers* e que o tornou mundialmente conhecido. A passagem central desse livro, em que descreve o que lhe aconteceu no interior da capela, dá-nos ao mesmo tempo a chave da sua vida e do seu pensamento:

> O que se podia ver da capela acima do portal não era especialmente exaltante. O interior não é mais estimulante que o exterior. [...] O fundo da capela está fortemente iluminado. Por cima do altar-mor, vestido de

branco, um vasto aparato de plantas, candelabros e ornatos, dominado por uma grande cruz de metal trabalhado que traz ao centro um disco de branco fosco. [...] Ignoro que estou diante do Santíssimo Sacramento. Meu olhar passa da sombra para a luz, repousa sobre a assistência sem levar a qualquer pensamento. Depois, não sei por quê, fixa-se no segundo círio que arde à esquerda da cruz. [...]

Antes de mais, são-me insufladas estas palavras: "Vida espiritual". Não são ditas, não as formo eu, ouço-as como se tivessem sido pronunciadas por uma pessoa que vê o que eu ainda não vejo.

Mal a última sílaba deste prelúdio murmurado atingiu em mim a margem do consciente, começa a avalanche ao inverso. Não digo que o céu se abre. Não se abre, projeta-se, levanta-se subitamente como uma silenciosa fulguração nesta insuspeitável capela em que estava misteriosamente incluído. Como descrevê-lo com estas palavras demissionárias, que me recusam os seus serviços e ameaçam interceptar os meus pensamentos para enviá-los ao armazém das quimeras? O pintor ao qual fosse dado entrever cores desconhecidas, com que cores as pintaria?

É um cristal indestrutível, de uma infinita transparência, de uma luminosidade quase insustentável (um grau a mais me aniquilaria), talvez azul, um mundo, um outro mundo, de um brilho e de uma densidade que devolvem o nosso às sombras frágeis dos sonhos inacabados. Ele é a realidade, ele é a verdade, eu a vejo na margem escura em que estou retido. Há no universo uma ordem, e no seu ápice, para lá desse véu de bruma resplandecente, a evidência de Deus, a evidência feita presença e a evidência feita pessoa daquele que um momento antes eu teria negado, chamado pelos cristãos "Pai nosso", e deles ouço que é suave com uma suavidade que nada é capaz de igualar, que não é a passiva qualidade às vezes designada por este nome, e sim uma suavidade ativa, explosiva, ultrapassando toda a violência, capaz de despedaçar a pedra mais dura e até — mais duro do que a pedra — o coração humano.[1]

Quais foram os pontos centrais dessa evidência? Em *Il y a a un autre monde,* de 1976, resume-as assim: "Ao sair da capela da Rua Ulm, sabia quatro coisas, ou melhor, via quatro coisas evidentes que ainda

---

1 André Frossard, *Deus existe — eu o encontrei*. Rio de Janeiro: Record, 1969, pp. 155–159.

me assombram: há um outro mundo; Deus é uma pessoa; estamos salvos e, paradoxalmente, estamos por salvar; a Igreja é de instituição divina". Será à luz destas palavras que teremos de entender tudo o que escreve. Aliás, ele próprio classifica a sua conversão como o acontecimento que redefiniu toda a sua vida, e vem repetindo uma e outra vez que não tem outro desejo senão "dar testemunho do Amor" que lhe foi dado ver nesse dia.

André Frossard nasceu a 14 de fevereiro de 1915 em Colombier Chatelot, no Doubs, leste da França. Pelo lado paterno, tinha ascendência judaica, pelo materno, luterana. Foi educado na mentalidade ateia e esquerdista da família, e leu na juventude Marx, Voltaire e Rousseau — ou seja, a nata do pensamento anticlerical e anticristão. Afirma que nunca demonstrou muita inclinação pelos estudos ou pelo trabalho. Mas, como sempre fala de si em tom irônico — exceto quando narra a sua conversão —, não se pode tomar essa declaração ao pé da letra.

Depois de um período na Marinha, segundo ele dedicado principalmente a "encerar pisos", e de uma passagem por Fort-de-France, nas Antilhas, foi desmobilizado no período da ocupação alemã, já no início da Segunda Guerra. Estabeleceu-se em Lyon, onde passou a colaborar com a Resistência. Casou-se em começos de 1943 e, pouco depois de se ter mudado para Paris e de lhe ter nascido o primeiro filho, foi preso pela Gestapo em dezembro do mesmo ano.

Em Fort Montluc, na barraca dos judeus, teve ocasião de conhecer todos os horrores do campo de concentração, que narrou em *La maison des otages* (1983). Felizmente, porém, "negociou um abatimento" com o agente da Gestapo, e conseguiu ser classificado como apenas "25% judeu"; graças a isso, foi libertado com um colega em agosto de 1944, quando já era iminente a derrota alemã, enquanto os seus setenta e dois companheiros — sem que ele o soubesse — eram encaminhados à câmara de gás.

Além das obras autobiográficas já mencionadas, Frossard é autor de diversos livros sobre temas de fé e atualidade — *Le sel de la terre*

(1969), *L'art de croire* (1979), *"N'ayez pas peur!"*, *dialogue avec Jean-Paul II* (1983), entre outros. Escreve para o jornal *Aurore* e o já mencionado *Figaro*, e trabalha como redator-chefe da revista *Temps présent*. Desde 1988, é membro da Academia Francesa, o que equivale a um reconhecimento público da sua envergadura intelectual.

Dieu en questions foi publicado na França no ano passado (1990). Frossard condensa nesta obra, em quarenta e sete "questões", cerca de duas mil perguntas que lhe foram formuladas por colegiais franceses. (Pelo visto, é um dos poucos autores atuais a quem ainda se recorre para pedir ensinamentos e conselho... E não é por acaso). Em cada questão, expõe primeiro as objeções, assumindo lealmente o ponto de vista do crítico, e depois formula respostas que extrai da sua "experiência da fé".

Este livro não é, portanto, nenhum catecismo ou manual de apologética cristã que exponha sistematicamente as verdades do Credo. Frossard não é exegeta nem teólogo; é um intelectual leigo que fala em nome próprio. Dispõe de uma "bagagem" cultural invulgar em matéria de história geral e história das ideias, está familiarizado com os descobrimentos e teorias científicas mais recentes, e conhece o ser humano nas suas grandezas e misérias. Nesse pano de fundo, o episódio da Rua Ulm não constituiu um corpo estranho, mas uma sabedoria que lhe permitiu entender e ajuizar todos os demais saberes. Essa fusão do elemento cultural e do elemento espiritual leva-o a tratar dos temas doutrinais do ponto de vista peculiar do pensador leigo.

Ora, é exatamente esta perspectiva que dá todo o seu sabor e toda a sua originalidade a este livro. "Não sei se existem neste momento, sobre a Terra, páginas tão novas sobre temas de sempre, como estas de Frossard", afirma Jean Guitton numa resenha da obra. Formado no ambiente do laicismo, Frossard conhece "por dentro" todos os problemas intelectuais e morais que este levanta. Tem experiência da aridez interior que o ceticismo traz consigo. Conhece — por tê-los defendido — os argumentos que os pensadores agnósticos e ateus dos últimos séculos vêm levantando contra a Igreja. E é por isso uma voz muito autorizada quando é necessário rebater-lhes as ideias, e também quando se trata de compreender-lhes as dúvidas e a atitude interior.

Assim, é com uma autoridade desassombrada que chama as coisas pelo nome, por exemplo quando mostra a desfaçatez com que os homens de todas as tonalidades ideológicas achacam à Igreja as suas próprias desvergonhas, ou quando refere de passagem o pouco eco que encontram nos jornais aqueles que ousam ir contra os preconceitos dominantes, ou ainda quando comenta as contradições em torno da AIDS. "Tão estabelecido está neste mundo que a liberdade de expressão é plena e total para todos, exceto para a Igreja": quando se leem frases como esta, é preciso ter em conta que saem dos lábios de alguém que é, por assim dizer, um "profissional da liberdade de opinião".

Por outro lado, Frossard é uma inteligência penetrante, de uma lucidez extraordinária, e conhece os limites dessa mesma inteligência, que não tentará transpor. Alguma vez, a resposta que dá poderá parecer insuficiente. Mas não é verdade: o que acontece, pelo contrário, é que algumas perguntas simplesmente não têm resposta cabal no plano meramente humano, e pôr-se a argumentar sobre elas significa enredar-se numa discussão estéril e sem fim. Aliás, basta consultarmos qualquer manual de história da filosofia para nos certificarmos disso... Tais perguntas só se resolvem quando a razão aceita a sua finitude, e para ultrapassá-la, lança mão dos dados fornecidos pela fé. Atitude que não é de derrota, de resignação impotente, mas sempre sentida como uma vitória, como um desafogo: "Os dogmas não são os muros, são as janelas da nossa prisão".

À questão "que é a verdade?" — interrogação central, sobre a qual esperaríamos que o autor gastasse páginas e mais páginas —, responde simplesmente: "Cristo nos diz: 'Eu sou a verdade'. Para nós, a verdade não é nem uma ideia, nem um mistério, nem uma filosofia, mas uma pessoa". Resposta concisa, que corta com precisão o nó do assunto. Talvez obrigue a pensar; mas Frossard confia nos seus leitores, e sabe que não se pode dispensar ninguém de meditar pessoalmente os temas que comenta, se se quer encontrar soluções vivas para eles.

Nas suas respostas, percebe-se a segurança de quem pisa em solo firme: Frossard caminha sobre a verdadeira realidade, aquela que pôde ver na capela da Rua Ulm. Tem por isso o desassombro, mais do que a coragem, de enfrentar qualquer pergunta, por mais espinhosa, desaforada ou crítica que possa parecer. É que conhece por experiência a verdade de um dito que se repete muitas vezes, mas no qual raramente se confia: fé e razão não podem contradizer-se nunca, porque têm o mesmo Autor e conduzem à mesma verdade. Por isso está imbuído de uma liberdade de espírito total, que lhe permite não tomar demasiado a sério nem as mazelas da Igreja, nem os teólogos que "imaginam que a sua missão consiste em nos manter atualizados, dia a dia, quanto ao estado das suas opiniões pessoais", nem os seriíssimos intelectuais racionalistas ou ateus...

O seu estilo é denso, luminoso, musical. É um artista que escreve, e vai aqui mais uma mostra da confiança que tem no leitor. Não se considera obrigado a escrever de forma chã para que o compreendam; prefere dar à beleza os seus direitos — porque sabe que ela vem de Deus, a única beleza digna desse nome e porque sabe que o homem continua a ter necessidade dela, mesmo que a sociedade tecnológica pareça esquecer-se disso.

Uma última qualidade, e certamente não a menor: o bom humor. Algum crítico já o definiu como "um dos últimos representantes de uma espécie em extinção: um intelectual com bom humor". Frossard é sempre divertido, qualidade que fala por si em alguém que passou pelas experiências dolorosas que ele próprio relata, aliás sem amarguras. Por um lado, esse bom humor é a ironia da humildade, a ironia e a humildade de quem não se dá grande importância. Por outro, é a pura e simples alegria de quem viu aquele que é a própria alegria.

Apresentação

O autor recebeu de alunas e alunos pré-universitários mais de duas mil perguntas, muitas vezes repetidas, às quais procura dar aqui respostas extraídas da sua experiência da fé.

A fim de que não o acusem de ser surdo às objeções, procurou levar muito em conta os argumentos explícitos ou implícitos dos seus interlocutores. Consequentemente, todas as respostas — salvo a primeira e a terceira — começam por uma curta, mas leal, exposição em itálico das dificuldades inerentes à própria questão. Segue-se um "no entanto", geralmente tomado das Escrituras, que por sua vez contradiz essas dificuldades. A resposta propriamente dita vem em último lugar. As três partes de cada pequeno capítulo encontram-se assim nitidamente separadas, de maneira a evitar qualquer confusão. Quase todas as questões foram tratadas de acordo com este método, ditado ao autor pelo desejo de mostrar-se tão "aberto" quanto possível às dúvidas apresentadas.

Observar-se-á também que o autor emprega inúmeras vezes a palavra "caridade", não porque a prefira à palavra "amor", mas porque designa mais expressamente, aos seus olhos, o amor desinteressado, primordial e criador, que é causa e fim de todas as coisas.

Surpreenderá, talvez, o fato de alunos do segundo grau falarem tão pouco de política. Aliás, o próprio autor ficou admirado.

Por que viver?

É *uma pergunta terrível, se pensarmos na idade em que vocês se encontram e em como são numerosos os que a formulam. Escutei-a pela primeira vez em Mons, na Bélgica, à saída de um auditório onde havia falado durante duas horas. Três rapazes barraram-me a passagem.*

Um deles, naquele tom ameaçador que é próprio dos jovens quando receiam não ser escutados pela idade madura, revelou-me em nome dos seus companheiros que não tinham querido levantar apartes durante a reunião que acabava de terminar, mas que os três desejavam formular uma pergunta demasiado íntima e demasiado séria para ser debatida em público. Foi então que o rapaz lançou esse terrível: "Senhor Frossard, por que viver?". A frase desabou sobre mim como um ultimato, não me concedendo delongas nem hesitações para responder. Não podia esquivar-me e invocar o cansaço e a hora tardia.

Naquele tempo, começava a espalhar-se entre os jovens uma moda lúgubre: a do suicídio pelo fogo depois de se embeberem de querosene; e a causa era precisamente essa questão, que "a morte de Deus", a incoerência do mundo, o materialismo obtuso da sociedade, a asfixia, as ideologias e os delírios inoperantes das artes deixavam sem resposta. Pensadores credenciados nos cafés de Saint-Germain-des-Prés filosofavam acerca do absurdo e denunciavam a inanidade da espécie humana, essa "paixão inútil", e enquanto estes alinhavam os copos e os argumentos, muitos jovens sinceros, convencidos do nada de todas as coisas, confirmavam esse parecer com um palito de fósforo.

Havia um traço febril nos olhos dos meus interlocutores, e pareceu--me ver em suas pupilas um longo corredor de sombra que conduzia a uma porta aberta para o vazio. Com as mãos na maçaneta, esperavam uma resposta, quase persuadidos, porém, de que ela não existia. A quem concederiam uma última oportunidade? A eles mesmos ou a mim? Talvez a Deus.

No entanto...

Era preciso falar, e percebi imediatamente que eu próprio nunca me havia proposto a questão que tanto atormentava aqueles jovens de Mons, tal como hoje persegue tantos de vocês, até mesmo nos seus divertimentos. Na minha tenra juventude socialista, os problemas metafísicos eram remetidos em parte à ciência, em parte às nuvens; a ciência bem depressa resolveria todos os enigmas do universo, e o resto não passava de sonhos repreensíveis, capazes apenas de nos desviarem das urgentes necessidades políticas.

Após a minha conversão, por outro lado, tudo se tornou radiosamente simples: Deus existia, alegria imensa, oceano de luz e de ternura; e já não voltou a ocorrer-me a ideia de me interrogar sobre a minha insignificante pessoa, pela qual somente Deus poderia interessar-se na sua infinita indulgência. Em mim só havia deslumbramento, ação de graças e um louco reconhecimento por tanta misericordiosa beleza. Deus era amor, e esse amor ensinava-me que ele era a causa e o fim de tudo o que existe, que nenhum ser existe exclusivamente para si próprio, mas para um outro, para todos os outros, a começar pelo próprio Deus, que é efusão pura.

Privados de Deus havia muito tempo, os meus rapazes de Mons tinham-se esquecido desta verdade, ou não tinham conseguido descobri-la por si próprios, no caso de não lha terem ensinado. Comecei por dizer-lhes — tomando todas as precauções necessárias quando vemos um jovem de pé no parapeito de uma janela e tentamos dissuadi-lo de saltar — que, se olharmos com demasiada insistência para nós mesmos, não encontraremos senão o abismo de nada do qual alguma misteriosa bondade nos retirou; que, em torno de nós, todas as coisas — da menor à maior, da mais ínfima parcela de matéria à gravitação das estrelas — se atraem e se unem para compor harmonias complementares cada vez mais amplas; que esta lei fundamental, visível até na tendência à associação das mais impalpáveis poeiras de átomos, rege todo o universo, incluindo-se nele as suas próprias pessoas predestinadas para amar, e constitui assim uma lei a que ninguém pode esquivar-se, sob pena de deslizar inexoravelmente para o vazio; e que esta lei permanece evidente, mesmo que não acreditemos em Deus.

Posso acrescentar hoje, diante da lista de perguntas que me foram enviadas, que esta questão é tipicamente masculina: nenhuma jovem a formula. Mais inclinadas do que nós ao amor pela sua natureza, as mulheres sabem, sem mesmo precisarem pensar nisso, que não foram feitas para si mesmas; se por acaso a ideia lhes viesse à mente, formulariam a questão de outra maneira; não perguntariam: "Por *que* viver?", mas: "Por *quem* viver?". Nós, os homens, deveríamos seguir-lhes o exemplo...

Não sei se cheguei a convencer os rapazes de Mons. De qualquer forma, os jornais — e é o mais importante — nunca me deram notícia deles.

Que vem a ser a fé?

Já se deram tantas definições de fé que seria melhor considerá-la indefinível de uma vez por todas.

Para uns, é uma aquiescência à palavra de Deus; no entanto, esta definição pressupõe que Deus existe e que fala, e incorre assim em contradição: dá por demonstrado o que pretende demonstrar.

Para outros, é uma graça e, portanto, é inútil procurá-la quando não a temos.

A maioria dos pensadores modernos considera a fé um ato de uma inteligência que toma consciência dos seus limites e deixa o resto a cargo de um misterioso poder superior que regeria o mundo e a sua própria existência. Encontramos traços deste gênero de abdicação intelectual na expressão popular: "Para crer nisso, é preciso ter muita fé", o que significa que por vezes é necessário fazer calar a própria razão para poder crer.

Para outros ainda, a fé estabelece uma relação entre Deus e o ser humano, geralmente por intermédio da Escritura ou de uma Igreja. Mas a relação ou o diálogo exigem sempre a existência de dois interlocutores, com o que estamos de volta à nossa primeira objeção.

Para Bernanos, a fé não constituía senão "vinte e quatro horas de dúvida, menos um minuto de esperança". Segundo essa bela fórmula, *a fé seria uma dúvida superada de longe em longe por um sentimento irracional. Não podemos, pois, defini-la nem explicá-la.*

No entanto, Deus é amor e, por conseguinte, é no amor que se deve procurar a explicação da fé.

A fé não consiste simplesmente em crer que Deus existe. Os contemporâneos de Cristo tinham poucas dúvidas a esse respeito, e mesmo assim é evidente que ele lhes pediu mais. Censura-lhes muitas vezes a sua falta de fé, e não teria necessidade de fazê-lo, especialmente entre judeus, se se tratasse apenas de reconhecer a existência de Deus, e menos ainda se a fé fosse um dom concedido a uns e recusado a outros. Cristo deplora que a fé seja tão rara ou tão fraca, e, quando a constata em alguém, maravilha-se diante dela como se se tratasse de algo extraordinário, mesmo para ele. Assim, quando o centurião lhe diz, ao pedir a cura do seu servo e declinando a honra de recebê-lo sob o seu teto: "Senhor, eu não sou digno de que entreis em minha morada, mas dizei uma só palavra e o meu servo será curado", Jesus exclama: "Nunca vi tamanha fé em Israel!".

Outro episódio convida-nos a inverter o problema e a perguntar-nos o que é que a fé representa, não já para o homem, mas para o próprio Deus. No Domingo de Ramos, quando já está próxima a sua Paixão, Cristo desce do Monte das Oliveiras em direção a Jerusalém, avançando sobre um tapete de palmas e de mantos estendidos. Sabe que vai morrer, e de que maneira. Sabe também que haverá uma segunda vinda e que o seu reino não terá fim. No entanto, a onda de alegria que o acompanha não desperta nele senão terríficas profecias sobre a ruína de Jerusalém, bem como um pensamento que parece exprimir de si para si em voz alta: "Quando o Filho do Homem voltar, encontrará ainda fé sobre a Terra?". Esta palavra meditativa, como que repassada de ansiedade, não poderia ser mais reveladora, e deve ser aproximada da última pergunta do Evangelho ao apóstolo: "Pedro, tu me amas?". Para Cristo — para Deus, portanto —, nada mais conta, e a

QUE VEM A SER A FÉ?

fé é a resposta para essa questão suprema. É esta resposta o que Cristo veio buscar, suscitar e colher no meio de nós, e que receia não mais ouvir quando voltar.

A fé é um fenômeno de imantação recíproca entre Deus — que justamente por não ser palpável atrai o nosso ser para além de si próprio — e essa generosa disposição do coração humano para crer no amor a despeito de todas as aparências contrárias, disposição que exerce sobre a caridade divina uma atração irresistível.

Quem é você, André?

De todas as perguntas que recebi e que mais se repetem, talvez seja esta a mais difícil. Tentarei responder a ela, estimulado por esse tratamento familiar — "você" — com que me foi dirigida, e que me faz esquecer a geração a que pertenço e me rejuvenesce agradavelmente.

Como já tive ocasião de relatar em outras obras, sou filho de um político da Terceira República, um professor de segundo grau que foi demitido por maquinações revolucionárias e que se tornou, aos trinta anos, em 1920, o primeiro secretário geral do Partido Comunista francês. Aos treze — menino precoce —, meu pai já escrevia para um jornal de Belfort, sua região natal, onde nunca antes tinham visto um editorialista de calças curtas. Terminou a escola normal com a mesma idade com que outros tentavam ingressar nela. Dividia o seu tempo entre a classe e a luta de classes, compelido pela sua eloquência natural, direta, vigorosa, à qual a sua voz grave emprestava sonoridades metálicas ou cavernosas. Casara-se com uma jovem de Montbéliard, loura e bonita, que amava a música e o socialismo — ou, pelo menos, um determinado socialista —, e cujos pais cultivavam com um afinco louvável uma gleba de cinco hectares pouco produtivos.

Do lado paterno, éramos judeus por parte da minha avó, enérgica senhora extraída diretamente das páginas do Antigo Testamento, pródiga em réplicas e injunções que não admitiam qualquer debate. Não restava traço algum do catolicismo que fora na origem, ao que parece, o do meu avô, radical-socialista e seleiro-coureiro de profissão; não o conheci. Pelo que sei, chamavam-no "couraceiro" por causa da armadura que usara em alguma dessas batalhas que os franceses costumam perder quando deviam ganhá-las, ou ganhar quando lucrariam muito em perdê-las.

Do lado materno, éramos luteranos num ambiente de pietistas, seita perigosa que manejava, alternadamente e quase da mesma maneira, a Bíblia e a chibata. Como é fácil perceber, sou o resultado de uma afetuosa interpenetração de religiões que me inclina naturalmente para o ecumenismo. Para responder aos problemas levantados por este, só preciso reunir-me comigo mesmo em assembleia geral.

Não havia igreja paroquial na cidade de meu pai, mas uma grande sinagoga de arenito rosado, hoje deserta. A comunidade judaica foi deportada e exterminada em Auschwitz, onde provavelmente morreu, entre outros, uma amiga minha de infância, que teria podido escapar desse destino, mas não o quis: insistiu em acompanhar o pai, deficiente auditivo, por receio de que ele não compreendesse as ordens que lhe dessem a tempo de evitar os açoites. Na época, ela teria aproximadamente a idade de vocês; venero-lhe a memória, e vislumbro nela a suprema beleza dessas heroínas a quem a Igreja dá o nome de "santas" e "mártires".

Nasci num velho casarão do vilarejo de minha mãe, à beira de um riacho de trutas onde se lavavam a roupa e os habitantes. Foi durante a Primeira Guerra Mundial, e a primeira lembrança que me aflora à mente é a de um porão em Belfort onde fomos feridos, minha mãe e eu, pela explosão de uma bomba que um avião alemão descarregou sobre a cidade, numa incursão muito além da linha de frente. Foi assim que tomei consciência, aos dois anos de idade, da existência do mundo exterior, e a imagem desse local sombrio, subitamente iluminado por um clarão amarelado, jamais se apagou da minha memória.

QUEM É VOCÊ, ANDRÉ?

Deus não existia. Nós o havíamos substituído por uma religião de salvação do homem pelo próprio homem, baseada na visão marxista da história. A minha educação enxertou-me em Karl Marx: o sofá onde eu dormia, no pequenino escritório de meu pai, estava emoldurado pelas obras completas do profeta, cujo retrato ornamentava a parede da frente. À noite, antes de dormir, tirava ao acaso um dos volumes do *Capital* alinhados acima da minha cabeça e lia algumas páginas, pulando a teoria, por demais pesada, e procurando a polêmica, em que o autor manejava com destreza uma ironia devastadora que me fazia lembrar a minha avó paterna.

Depois substituí Karl Marx pela *Ilíada*, que se encontrava numa prateleira mais baixa e que me fez companhia durante três anos: nunca me canso do que gosto, e posso escutar o mesmo disco durante anos a fio — com algumas interrupções de vez em quando, entende-se.

A seguir, vieram Voltaire e Rousseau, que só se suportavam um ao outro em minha casa. Rousseau julgava Voltaire inapto para as grandes percepções e, na opinião de Voltaire, Jean-Jacques estava para a filosofia como o funcionário aduaneiro Rousseau estaria, um dia, para a pintura.[1]

Aos quinze anos, interessava-me somente pela arquitetura grega em geral e pela arquitetura feminina em particular. Estudei muito uma e outra, com igual admiração. Desenhava incansavelmente o mesmo ângulo reto do Partenon, procurando captar o segredo daquela perfeição ao lado da qual tudo o mais é grosseiro, e encontrei o mesmo mistério da proporção nas jovens, que tinham, por acréscimo, a superioridade do movimento. Quanto ao mais, era um menino ausente e positivamente imperscrutável.

Recentemente, tive a honra de presidir, durante três horas, ao jantar dos ex-alunos da minha escola: nunca me havia demorado tanto naquele estabelecimento. A minha instabilidade escolar

---

[1] Henri Rousseau (1844–1910), apelidado depreciativamente pelos críticos "Le Douanier" [O funcionário da alfândega], o que efetivamente era —, foi um pintor de estilo primitivo e ingênuo — NE.

irritava profundamente o meu pai, que sonhava em ver-me entrar na Escola Normal da Rua Ulm, e que dava de ombros quando a minha mãe — que comigo só tinha indulgências — se esforçava por chamar-lhe a atenção para as inúmeras qualidades que ela me atribuía e que eu não possuía...

Este é o rapaz que fui até os vinte anos de idade: predominantemente vazio, e via de regra indiferente ao que me cercava, excetuando-se as caneluras dóricas e a condensação de luz de que as moças me pareciam ser feitas. Foi então que se deu o evento fulgurante que — assim o espero, pelo menos — me permitirá responder com maior precisão, no próximo capítulo, à pergunta: "Quem é você?", que muitos de vocês me fizeram e à qual acrescentaram outra: "Como foi que se converteu?", formulada de uma forma ou de outra por diversos dos seus colegas.

Será possível converter-se em dois minutos?

Parece pouco provável. Ninguém passa da descrença para a fé sem reflexão nem luta. A conversão é o resultado de uma evolução interior mais ou menos lenta, cujas etapas muitas vezes só são reconhecidas posteriormente, e em que o próprio inconsciente representa o seu papel, mudo mas ativo. Um tribunal não profere a sua sentença sem antes ter deliberado, e a consciência é esse tribunal que só se pronuncia com conhecimento de causa. Além do mais, o exercício do livre-arbítrio supõe uma escolha, e não se pode optar entre dois pensamentos contraditórios a não ser depois de se examinar longamente um e outro. Os exemplos de conversão instantânea são raros e todos passíveis de discussão. Salientemos dois: a conversão de São Paulo e a de Paul Claudel.

Não resta dúvida de que Paulo, judeu de ampla cultura e discípulo de Gamaliel, se converteu na estrada de Damasco, a cidade onde pretendia dissolver e extinguir a comunidade cristã.

Ele próprio nos conta como, por volta do meio-dia, se viu repentinamente cercado por uma luz deslumbrante — no sentido mais literal do termo —, enquanto uma voz lhe perguntava: "Saulo, Saulo, por que me persegues?". À indagação: "Quem és tu, Senhor?", a voz respondeu: "Eu sou Jesus, a quem tu persegues". São Paulo tornou-se imediatamente cristão, e o perseguidor que ele era instantes antes deu início a uma nova carreira, a de perseguido, que deveria conduzi-lo a Roma e ao martírio.

É a conversão mais célebre da história, a ponto de a expressão "encontrar o caminho de Damasco" se ter tornado um provérbio. Observemos, contudo, que era meio-dia, que o sol se encontrava no zênite e que nessa situação, principalmente no deserto, nada é mais comum do que um ofuscamento. Além disso, parece que São Paulo sofria eventualmente de ataques de uma doença nervosa, que poderiam gerar fenômenos cerebrais como alucinações ou halos luminosos, acompanhados ou não de sensações auditivas. Enfim, a lenta caminhada de uma caravana que se dirige de Jerusalém a Damasco favorecia a meditação e, em vez de recorrermos a uma intervenção miraculosa, é mais razoável supor que São Paulo tomou pouco a pouco consciência da extraordinária beleza da mensagem cristã, para alcançar, após algumas horas de intensa reflexão, o que chamamos "iluminação", com o que se quer dar a entender que determinada certeza se nos impôs com toda a força.

No caso de Paul Claudel, sabemos que era católico de nascença e tinha recebido uma educação cristã. É natural, pois, que, auxiliado pelo seu gênio poético, tenha reencontrado o sentido da "eterna infância de Deus" numa noite de Natal, na Igreja de Notre-Dame, entre velas e cânticos. Além disso, Claudel confessa ter ainda resistido à graça durante quatro anos, o que prova bem que não creu instantaneamente, mas somente depois de um amadurecimento e de um árduo combate.

Aliás, mesmo alguns católicos já não insistem no caráter miraculoso da conversão de São Paulo e, se continuam a referir-se de bom grado à de Claudel, é porque tem uma explicação psicológica perfeitamente verossímil.

No entanto, eu era ateu ao entrar numa capela, e de lá saí cristão, alguns minutos depois. Assisti à minha própria conversão com uma perplexidade que perdura até hoje.

SERÁ POSSÍVEL CONVERTER-SE EM DOIS MINUTOS?

As conversões instantâneas não são tão raras como pode parecer, e o fato de os agraciados só excepcionalmente as descreverem, por discrição, timidez ou receio de não serem bem compreendidos, não prova de modo algum que sejam impossíveis.

Uma missa de meia-noite pode, sem dúvida, suscitar uma grande emoção num jovem "cristão de berço" como Paul Claudel, mesmo que e principalmente se este se tiver mantido durante muito tempo afastado da religião; mas uma emoção que perdure durante toda a vida e oriente toda uma obra não é coisa que se observe todos os dias. A conversão de Paul Claudel foi, mais do que uma tomada de consciência, o contacto com uma transcendência esquecida pelo seu coração e mal conhecida pelo seu tempo.

Atribuir a conversão de São Paulo aos efeitos combinados da insolação e dos delírios de uma espécie de cérebro pirotécnico teria a dupla desvantagem de ir contra o relato do próprio Apóstolo e de tornar incompreensíveis o rigor do seu raciocínio, a amplitude da sua eloquência e a retidão da sua vida. Nunca se ouviu falar de um raio de sol que ensinasse novas religiões, e um alucinado costuma estar sujeito a novas alucinações, que aliás não repetem a mesma mensagem durante trinta anos. Se nos recusamos a crer no que consideramos impossível, caímos no inverossímil.

Meu pai queria que eu frequentasse a escola da Rua Ulm. Lá fui aos vinte anos, mas enganei-me de porta e, ao invés de entrar na escola normal superior, onde marcara um encontro com um antigo colega para jantarmos juntos, entrei na capela das religiosas da adoração. O que passo a contar não é a história de uma descoberta intelectual, mas o relato de uma experiência de física, experiência quase de laboratório.

Ao transpor o portão de ferro do convento, eu era ateu.

O ateísmo tem formas diversas. Há um ateísmo filosófico, que, incorporando Deus à natureza, se recusa a aceitar que ele tenha uma personalidade própria e reduz tudo às dimensões da inteligência humana;

nada é Deus, tudo é divino. Este ateísmo acaba por desembocar num panteísmo, que assume a forma de uma ideologia qualquer.

O ateísmo científico afasta a hipótese de Deus por considerá-la pouco conveniente para a pesquisa, e dedica-se a explicar o mundo unicamente pelas propriedades da matéria, evitando perguntar-se de onde ela vem.

Mais radical ainda, o ateísmo marxista não somente nega a existência de Deus, mas até o mandaria passear se ele existisse: a sua presença importuna bloquearia o livre jogo da vontade humana.

Além destes, existe ainda um ateísmo muito difundido e que eu conheço bem, o ateísmo imbecil; era o meu. O ateu imbecil não se questiona. Acha natural estarmos colocados sobre uma bola de fogo recoberta por uma tênue camada de lama seca, que gira sobre si mesma numa velocidade supersônica e descreve círculos em torno de uma espécie de bomba de hidrogênio, a qual é por sua vez arrastada pelo movimento de milhões de outras luminárias desse tipo, cuja origem é enigmática e cujo destino é desconhecido.

Eu ainda era um ateu desse tipo ao transpor a porta da capela, e lá dentro continuava a sê-lo. As pessoas que lá se encontravam, vistas a contraluz, apareciam-me como meras sombras entre as quais eu não conseguia distinguir o meu amigo, e uma espécie de sol brilhava ao fundo: eu ignorava que se tratasse do Santíssimo Sacramento.

Não sofria nem de desapontamentos amorosos, nem de inquietações de espírito, nem de curiosidade. A religião não passava de uma velha quimera; os cristãos, de uma espécie atrasada no caminho da evolução. A história tinha-se pronunciado a favor de nós, os da esquerda, e o problema de Deus resolvera-se havia dois ou três séculos com a resposta negativa. No ambiente em que vivíamos, a religião parecia tão superada que já não éramos sequer anticlericais, a não ser em época de eleições.

Foi então que se deu o inesperado. Depois desse dia, quiseram a todo o custo mostrar-me que a fé me havia trabalhado à socapa, que eu estava preparado para ela mesmo sem o querer, que a minha

SERÁ POSSÍVEL CONVERTER-SE EM DOIS MINUTOS?

conversão fora apenas uma tomada de consciência repentina de um estado de espírito que desde havia muito tempo me predispunha para crer.

Erro crasso. Se a alguma coisa estava disposto, era a ironizar a religião; se o meu estado de espírito podia ser resumido numa só palavra, era esta: indiferença.

Vejo-o ainda hoje, esse rapaz de vinte anos que eu era então. Não esqueci a estupefação que o assaltou quando diante dele se ergueu, de repente, do fundo dessa medíocre capela, um mundo, um outro mundo de um fulgor insustentável, de uma densidade louca, cuja luz revelava e ocultava ao mesmo tempo a presença de Deus, desse mesmo Deus que minutos antes o rapaz jurava nunca ter existido, a não ser na imaginação dos homens. Ao mesmo tempo invadiu-o uma onda, uma vaga efervescente de doçura e alegria mescladas, com uma força capaz de romper o coração, e cuja lembrança esse rapaz jamais perdeu, mesmo nos piores momentos de uma vida sulcada mais de uma vez pela angústia e pela dor. Depois dessa experiência, nada lhe restava a fazer senão dar testemunho da doçura e da dilacerante pureza de Deus, que lhe havia mostrado por contraste o barro de que estava feito.

Vocês me perguntam quem eu sou? Agora posso responder-lhes: sou um composto bastante turvo de nada, de trevas e de pecado. Seria uma forma insidiosa de vaidade atribuir a mim próprio mais trevas do que posso conter e mais pecados do que posso cometer; a minha parte de nada, porém, é indiscutível, e sei que ela é a minha única riqueza, uma espécie de vazio inesgotável oferecido à infinita generosidade de Deus.

Essa luz, que não vi com os olhos do corpo, não era a que nos ilumina ou bronzeia; era uma luz espiritual, isto é, uma luz esclarecedora e como que a incandescência da verdade. Ela inverteu definitivamente a ordem natural das coisas. Após tê-la entrevisto, quase ouso dizer que, para mim, só Deus existe, e que o resto não passa de mera hipótese.

Muitos me têm perguntado: "E o seu livre-arbítrio? Decididamente, fazem de você o que bem entendem. Seu pai é socialista, você é socialista. Você entra numa igreja, e eis que se torna cristão. Se tivesse entrado num pagode, ter-se-ia feito budista; se numa mesquita, teria saído muçulmano". Ao que me permito responder, por vezes, que me acontece sair de uma estação sem me ter transformado num trem.

Quanto ao meu livre-arbítrio, só dispus realmente dele depois da minha conversão, quando compreendi que Deus podia salvar-nos de todas as sujeições a que ficaríamos inexoravelmente acorrentados sem ele.

Insisto. Foi uma experiência objetiva, quase física, e nada tenho de mais precioso a transmitir-lhes do que isto: para além do mundo que nos cerca e nos integra, ou, melhor, através dele, há uma outra realidade, infinitamente mais concreta do que aquela a que geralmente damos crédito, e que é a realidade definitiva, diante da qual já não há mais perguntas.

O cristianismo fracassou

Não é evidente? O Evangelho não é conhecido em toda a parte, e só muito raramente é posto em prática. Nenhum povo elaborou a sua Constituição inspirando-se nos princípios evangélicos, e se os dirigentes de alguns países ricos invocam com certa frequência o nome de Deus nas cerimônias oficiais, é mais por hábito do que por devoção, e como que para atrair sobre a sua nação um suplemento de prosperidades. Os próprios cristãos ouvem o Evangelho aos domingos — quando não se atrasam para a missa —, e esquecem-no durante todo o resto da semana. Aliás, as suas Igrejas propõem-lhes muito convenientemente duas morais; uma delas, segundo se supõe, rege-lhes a vida privada, e a outra estabelece os princípios da vida em sociedade, mas fazendo um belo desconto com relação à precedente. Se por um lado os cristãos reconhecem que devem, para alcançar a perfeição, "oferecer a face esquerda quando lhes batem na direita", por outro nenhuma das suas Igrejas jamais sugeriu ao Estado que fizesse desse conselho um tanto autoritário uma obrigação legal, o que vem a provar que o Evangelho é socialmente impraticável e não possui eficácia temporal. E é desnecessário evocar as cruzadas, a Inquisição, as guerras religiosas etc., nas quais efetivamente não se vislumbra qualquer traço de cristianismo. Por outras palavras: é um fracasso em todos os planos.

No entanto, Cristo diz aos seus discípulos: "O Espírito arguirá o mundo dos seus pecados".

Esta profecia realizou-se com uma evidência que, curiosamente, costuma passar despercebida. O ideal cristão é muitas vezes considerado inacessível, mas ninguém nega a sua beleza. As suas exigências morais têm fama de desalentadoras, ou, segundo alguns críticos, de mal adaptadas à realidade dos seres humanos, mas esses mesmos críticos não hesitam em confessar a sua reduzida fome pessoal de perfeição e, se conduzissem até o fim o seu pensamento, acabariam por censurar Deus por pensar demasiado bem da sua criatura. O mundo inteiro sabe, hoje em dia, que existem um bem e um mal, que o bem está vinculado ao amor do próximo, do pobre, do exilado, à compaixão pelos doentes e pelos oprimidos, ao respeito pelas pessoas — a começar pelas mais humildes —, atitudes que o Levítico ensinou aos judeus, e o Evangelho, ao resto dos homens.

Há tão pouca dúvida sobre o "pecado", isto é, sobre o mal, que todos os sistemas totalitários — menos um — sempre tentaram encobrir as suas infâmias judiciárias com um véu jurídico tomado de empréstimo ao guarda-roupa do direito: Stalin acusava as suas vítimas de toda a sorte de crimes, pelos quais elas teriam sido condenadas em qualquer outro lugar em que vivessem, se os tivessem cometido; a sua mentira roubava à justiça o vocabulário de que se revestia. O único regime que rompeu abertamente com a moral judaico-cristã foi o nazismo, paganismo integral e cínico, adorador da força, campeão de uma raça superior imaginária contra o qual a fumaça imóvel de Auschwitz se levanta em testemunho eterno.

Quanto aos exemplos de "fracassos" do cristianismo apresentados acima, uns prendem-se à fraqueza humana, e seria necessária uma grande dose de orgulho para condená-la; outros, a uma sede de poder totalmente deslocada na ordem espiritual, ou a um erro da Igreja que ainda hoje alguns a incitam a cometer: o de participar do poder temporal e tentar infletir o curso do mundo lançando mão de outros meios que não os da fé e do amor.

Se a moral religiosa parece divergir e não ser exatamente a mesma para os indivíduos e para as sociedades, é porque a Igreja foi levada, durante certos períodos da história — no tempo das invasões bárbaras, por exemplo — a assumir responsabilidades civis que normalmente não lhe competem. Única instituição válida entre os escombros do Império Romano e último refúgio das populações ameaçadas, ela teve de ditar regras de vida comum que levavam em conta — caridosamente — o fato de nem todas as pessoas conseguirem avançar no mesmo ritmo em direção à santidade. Não podia alicerçar as suas regras tomando o Evangelho em toda a extensão das suas exigências, porque — e assim respondemos à última objeção — o Evangelho não se lê na terceira pessoa do plural, mas na segunda do singular: estabelece um relacionamento pessoal entre Deus e cada ser humano, que, para a caridade divina, tem tanta importância como todos os outros homens reunidos.

É impossível extrair uma Constituição política do Evangelho, por uma razão evidente: se qualquer um de nós pode a qualquer momento oferecer a face esquerda a quem lhe bateu na direita, não se pode fazer deste conselho uma lei, a não ser que se lhe acrescente imediatamente uma outra, para precisar quem é que tem o direito de nos esbofetear. O Evangelho não é uma doutrina coletivista. Deus não conta os seres humanos por massas, como os ideólogos ou os comandantes de batalhão; não os coloca em latas como se faz com as sardinhas; ele só sabe contar até um.

Para que servem os dogmas?

Os dogmas são coações impostas à inteligência por uma autoridade que atribui a si própria a gestão das verdades de fé, e que as define a seu bel-prazer em termos quase sempre incompreensíveis ou numa linguagem que já não se usa há muitos séculos. Quando, por exemplo, o Credo nos convida a crer em Deus, Criador do céu e da terra, e em Jesus Cristo, seu único Filho, descido do céu para a nossa salvação, nascido do Espírito Santo e da Virgem Maria etc., é evidente que exige demasiado da razão moderna, e que deveria pelo menos apresentar essas ideias em outra linguagem, de maneira menos incompatível com a condição atual dos nossos conhecimentos e mesmo com o conjunto da doutrina. O princípio de Deus Criador implica uma subordinação de fato da criatura, o que vai contra a doutrina do livre-arbítrio. Além disso, o dogma exclui o debate e, por conseguinte, o pluralismo de opiniões, indispensável no entanto para uma exploração tão ampla quanto possível das virtualidades do pensamento religioso. Enfim, é patente que os dogmas estão na origem não somente das guerras de religião, mas de todas as outras guerras, que se tornam inevitáveis quando um governo ou um povo transforma em dogmas o seu nacionalismo ou a sua ideologia.

No entanto, não se consegue imaginar uma Igreja sem artigos de fé.

Contrariamente ao que se afirma, os dogmas não fixam limites à inteligência, limites que lhe seria proibido transpor; pelo contrário, lançam-na para além das fronteiras do visível. Não são os muros, são as janelas da nossa prisão.

Mas se o dogma é uma verdade, o dogmatismo é um erro. As verdades de fé abrem-nos para uma ordem de realidades que permaneceriam desconhecidas para nós caso nos tivéssemos de apoiar somente nas nossas próprias forças; o dogmatismo, em contrapartida, empenha-se em transformar essas verdades num sistema, isto é, em reduzi-las à medida do nosso fraco entendimento. Nada é mais contrário à vida do espírito do que o dogmatismo, e é ele o responsável pelas guerras de religião, embora estas tenham tomado muitas vezes a fé como pretexto quando tinham por móbil a política, bem como essa infernal vontade de poder que é a causa da maior parte dos males que atingem as sociedades humanas.

É injusto incriminar os dogmas, quando são os homens os culpados; e, se é verdade que alguns fanáticos estão sempre prontos a massacrar os seus vizinhos em nome do primeiro mandamento, agem assim por terem esquecido o segundo, que manda amar o próximo como a si mesmo, sejam quais forem a sua origem e a sua maneira de conceber a religião.

Os artigos da fé cristã, que não constituem enunciados filosóficos, não são mais passíveis de revisão do que de correção; aliás, não se vê de que maneira ou por meio de que novo vocabulário se poderia dizer de outro modo que "Jesus Cristo é o Filho de Deus". Não é a linguagem, mas o conteúdo do Credo que exige de nós um ato de fé, e o "homem de hoje" não enfrenta mais dificuldades para realizar esse ato do que o homem de anteontem: desde os primórdios do cristianismo, a ideia de um Deus em três pessoas repugnava a muitos espíritos. Os assim chamados "arianos", cujo nome derivava do seu mestre, Ário, negavam a divindade de Cristo, e no século IV estiveram prestes a tornar-se senhores absolutos da Igreja. Em contrapartida, outros negavam a humanidade de Jesus, que teria somente as aparências de um mortal.

Contra essas tentativas de simplificação a Igreja fez triunfar, não sem grande esforço, a ideia tanto da filiação divina como da humanidade de Cristo, por mais difícil que fosse conceber essa conjunção. Semelhante insistência da Igreja, que bem podia parecer absurda, era na verdade uma prova da sua predestinação, e de que a verdade não provinha dela.

Os dogmas cristãos, que se resumem todos num só — a Encarnação de Jesus Cristo, *Filho do Deus vivo* —, não são de modo algum incompatíveis com a liberdade. Pelo contrário. É Deus, e ele só, quem nos pode salvar do determinismo, e o ato de fé é o ato mais livre que um ser humano pode realizar, porque nada o obriga a fazê-lo.

As verdades de fé não são regras emanadas de uma autoridade superior: são mensagens do amor infinito, e contêm toda a esperança. Existem muitas maneiras de recebê-las e de compreendê-las, e elas possuem ainda a propriedade de fazer de cada um dos seus destinatários conscientes uma pessoa distinta, única e insubstituível. A primeira atitude a tomar será acolhê-las como promessas; a última, desfazer-se delas.

Por fim, o dogma é a formulação teológica de um mistério, e o mistério é o alimento natural da inteligência: a própria ciência vai de mistério em mistério, à procura da razão de ser das coisas, da qual se aproxima sempre, sem nunca alcançá-la. É essa atração que torna o mistério muito mais do que um enigma a ser decifrado: torna-o uma fonte de vida espiritual.

Não terá o homem inventado os deuses para poder sentir-se seguro?

Parece que sim. A braços com as forças desmedidas da natureza, o homem dos primeiros tempos da história lembrou-se de atribuir-lhes divindades tutelares, com as quais poderia reconciliar-se imolando animais e, frequentemente, até seres humanos. Esperava-se que essa espécie de "imposto de renda" sobre a criação, pago às potências do alto ou de baixo, pouparia aos pobres mortais a "prisão por dívidas" dos flagelos naturais. E os ídolos, pelo mesmo preço, cumpriam ainda um outro papel extremamente importante: a sua mole de pedra ou de bronze dava estabilidade ao cenário e garantia, em princípio, a solidez do mundo, ao mesmo tempo que a da sociedade. Pode-se afirmar, pois, que todos os deuses foram criados pelo temor, enquanto a fábula fazia as vezes do conhecimento para esses espíritos primitivos.

No entanto, é preciso distinguir entre os deuses e Deus, que parece não gostar de carne de bode ou de sangue de rolas, como por vezes lembra, no Antigo Testamento, aos seus adoradores, talvez influenciados pelos costumes das tribos circunvizinhas.

Resumimos acima, em poucas palavras, a opinião dos "filósofos das Luzes" que, na sua aversão pela fé, se comprazziam em dar ao sentimento religioso uma origem tão baixa quanto possível. Representavam os nossos antepassados como uns seres continuamente amedrontados, que se esforçavam por esconjurar as forças hostis do céu e da terra por meio de umas práticas irracionais, e que somente conseguiam alcançar a paz interior depois de terem oferecido sacrifícios a umas criaturas nascidas da sua imaginação.

Poder-se-ia também tomar o partido contrário e, levando em consideração o aspecto repugnante de alguns ídolos concebidos fora da Grécia ou de Roma, sustentar que os deuses foram feitos para incutir medo ao invés de tranquilizar, e para conter a violência dos homens, mais do que a dos elementos. Havia, pois, algo de sensato nas antigas práticas religiosas; desde que — como é evidente — se excluam desse "algo de sensato" a imolação de pobres animais inofensivos, e esses apavorantes sacrifícios humanos que o século XX aliás repetiu — sem mesmo se aperceber disso — nos campos de concentração do totalitarismo.

Por que existem tantas religiões?

*P*ascal diz que os homens levam mais tempo para escolher a sua gravata do que a sua mulher, e mais tempo para escolher a sua mulher do que a sua religião. Vivem a religião que lhes foi transmitida pelo ambiente, que por sua vez a recebeu das suas origens sociais ou do passado cultural do seu país. E é melhor que seja assim, pois as religiões são tão numerosas sobre a Terra que, se fosse preciso estudar todas antes de adotar uma delas, os anos da vida não seriam suficientes.

Se nos limitarmos apenas às três religiões originadas da Bíblia — o judaísmo, o cristianismo e o islamismo —, veremos que as suas histórias são tão longas, a sua visão da realidade é tão diferente, e as suas espiritualidades, tão ricas, que ninguém poderia gabar-se de conhecer suficientemente as três para pronunciar-se a favor de uma ou de outra com pleno conhecimento de causa. Se existem muitas religiões, existem também muitas verdades entre as quais é impossível escolher.

No entanto, se Deus é um, só pode existir uma única verdade divina.

A verdade de Deus não se reflete da mesma maneira em todos os espíritos; aliás, também o seu gênio criador se manifesta de forma sempre diversa na infinita variedade das espécies. Nem por isso a verdade deixa de ser sempre una e idêntica.

Na realidade, não existem tantas religiões como se pensa. Se as despojarmos dos ornamentos culturais de que estão revestidas e das formas mais ou menos elaboradas de superstição que lhes conferem aparência de diversidade, restarão apenas duas: o monoteísmo e o panteísmo. Por um lado, a religião que reconhece a existência de um Deus pessoal; e, por outro, as religiões explícitas ou disfarçadas que negam esse Deus ou o ignoram, e que, depois dos desvios e arabescos traçados por um pensamento às vezes muito sutil, pendem todas para um só e mesmo panteísmo, no qual se misturam paganismos de interesse local, algumas espiritualidades suicidas — suicidas, por mais geniais que possam parecer —, as filosofias chamadas "modernas" que incorporam os atributos divinos à natureza, e até mesmo um certo ateísmo cientificista que os incorpora, sem perceber, à matéria-prima, cuja natureza ninguém conhece. Podemos negar Deus, mas é impossível desfazermo-nos dele.

É muito difícil escapar ao monoteísmo sem cair no panteísmo, no seu grande todo, na sua energia fundamental, ou nessa espécie de "caldo" no qual o pensamento atual procura dissolver a ideia de Deus a fim de misturá-la ao devir das coisas.

Para nos atermos ao monoteísmo que nos toca mais de perto, o da Bíblia: dele surgiram, com efeito, três religiões ao invés de uma — o judaísmo, o cristianismo e o islamismo. Estes três ramos do monoteísmo divergem de certo modo já na sua base, por razões históricas, culturais, climáticas e psicológicas que os tornaram como que mutuamente estranhos. Mas quanto mais escapam à obsessão do cotidiano para se elevarem na sua espiritualidade peculiar, mais semelhante é a sua linguagem, que é a do louvor a Deus. Nos cumes do judaísmo, do cristianismo e do islamismo, os místicos falam a mesma língua. É quando não atingem essas alturas, ou quando descem delas para melhor sucumbirem às tentações do poder, do espírito de conquista ou de qualquer outra forma de ilusão, que os homens passam a opor-se uns aos outros e dão a impressão de servir religiões incompatíveis entre si. A paz reina somente nos cumes.[1]

---

[1] O que não significa que "todas as religiões sejam verdadeiras" ou que o judaísmo, o islamismo e o cristianismo sejam equivalentes entre si no seu conteúdo de verdade. O próprio autor diz, mais adiante, que "Cristo é o único a ter-nos dito algo do pensamento divino" — NE.

Quem é Cristo?

Segundo a opinião comum — se não unânime —, Cristo é o maior homem que jamais existiu. Foi grande pela força do seu pensamento, violentamente contrário ao do seu tempo, e até mesmo ao do nosso; grande, principalmente, pelo coração, conforme demonstra a imensa generosidade com que, supliciado sem motivo, perdoa aos que o crucificaram. Entre os próprios ateus, são inúmeros os que manifestam uma certa ternura por ele, ternura que evidentemente não chega à adoração, mas que se compraz em descobrir nele uma vítima dos padres.

A estes motivos de veneração pela sua pessoa, o Credo dos primeiros cristãos — pelo menos os dos séculos III e IV — acrescentava uma série de mistérios, segundo os quais aquele jovem era o "Filho Unigênito de Deus" e descera dos Céus "por nós, homens, e para a nossa salvação". Este texto, que constitui de certa forma o estatuto da fé cristã, especificava que Cristo "se encarnou [...] no seio da Virgem Maria" e "se fez homem"; que "foi crucificado sob Pôncio Pilatos" (procurador da Judéia no reinado de Tibério) e, após a sua morte, "ressuscitou ao terceiro dia"; que "subiu aos Céus" e "está sentado à direita do Pai", de onde voltará "para julgar os vivos e os mortos". Assim o declara o Credo que hoje é repetido e cantado nas igrejas, mais ou menos como a Marselhesa nas cerimônias oficiais, a *qual já não desperta em ninguém o menor desejo de bater-se com "os ferozes soldados que mugem nos nossos campos"...*

Aliás, é preciso dizer que a união de uma natureza divina e de uma natureza humana num ser desprovido de sinais distintivos que permitissem identificar uma e a outra levantava à compreensão um desses problemas que só se podem resolver pela fé — exercício muito corajoso, mas pouco racional — ou pelo delírio místico.

De uns tempos para cá, parece que alguns teólogos esclarecidos vêm fazendo de Jesus Cristo uma ideia muito mais confortável, como podemos comprovar com um certo alívio nestas linhas extraídas de uma espécie de enciclopédia da religião católica:

> Os teólogos hoje já aceitam, à luz do Evangelho, que Jesus era realmente homem, que não sabia tudo sobre todas as coisas e até que o seu conhecimento de Deus pertencia à ordem da fé. Jesus não via a Deus, mas nele acreditava. Estes estudiosos afirmam ao mesmo tempo, porém, que Jesus tinha uma consciência difusa, mas profunda, do seu vínculo muito específico com o Pai. Essa consciência, semelhante a um sentimento de pertença, deve ter estado presente ao longo de toda a sua vida, mas crescia nele e explicitava-se pouco a pouco à medida que ele analisava a sua própria vida — e, bem cedo, a sua caminhada em direção à morte — com o auxílio da Escritura e da Tradição [...]. Deste modo, os teólogos professam hoje que Jesus deve ter vivido uma experiência humana totalmente original, marcada por um sentimento constante, porém não forçosamente explícito, de união com Deus.

Esta é a linguagem da teologia razoável, finalmente arrependida das extravagâncias do Credo *para transmitir-nos a imagem apaziguadora e burguesa de um Jesus recostado no divã do psicanalista, sem saber ele próprio o que era exatamente, impedindo-nos de sabê-lo e tomando consciência, "pouco a pouco" e sem nenhum exagero desagradável, de uma certa "pertença" que culminou, ainda passo a passo, num vago sentimento de união com Deus, o que — muito felizmente — pode acontecer a qualquer um de nós. O certo é que semelhante Jesus, destituído das suas super--estruturas metafísicas, pode ser aceito como um bom companheiro de viagem em todos os caminhos da incerteza, até pelos agnósticos mais desconfiados. A grande e salutar descoberta do apostolado moderno é a de que é muito mais fácil crer quando não há nada em que crer.*

No entanto, a Jesus que lhe perguntou: "E vós, quem dizeis que eu sou?", o apóstolo Pedro respondeu: "Tu és o Cristo, o Filho do Deus vivo".

Após a minha conversão, em que Cristo só esteve presente sob a forma enigmática do Santíssimo Sacramento, fizeram-me saber que só nos tornamos cristãos pelo batismo, e que seria oportuno ler o Evangelho, livro que eu até então só conhecia através dos textos de autores anticlericais. Se a existência de Deus Pai era para mim da mais suave e fulgurante evidência, o mesmo não acontecia com a divindade de Cristo, de quem eu ignorava quase tudo.

Não conservei uma ideia muito precisa da minha primeira leitura do Evangelho, mas parece-me lembrar que o eficaz impulso que me havia libertado de todo o peso na capela da Rua Ulm, me fez sobrevoar as suas paisagens com uma alegria que se acrescentava à minha alegria. Mais tarde, quando fui trazido de volta — para o meu próprio bem — ao destino comum dos fiéis, surgiram algumas dificuldades, mas logo percebi que provinham unicamente da minha mediocridade, e que esse livro não suporta ser lido com um coração avaro: a fé que inspira é a medida, terrivelmente exata, da nossa generosidade.

Entra-se no Evangelho por duas portas: a da história (isto é, da crítica) e a da fé. Aquele que penetra no Evangelho pela porta da crítica histórica, dali sairá com um cadáver nos braços, após ter encontrado uma objeção a cada linha e uma dúvida a cada palavra. Compilado muito depois dos acontecimentos com o intuito de instruir os simples, mesclado de mitologia e desse "maravilhoso" que causa igual horror aos teólogos da moda e aos peritos em contabilidade, o texto lhe parecerá pouco plausível no princípio e discutível depois, e dele só extrairá uma moral árdua e bastante original, embora dela se encontrem antecipações nos essênios, nos mesopotâmios, nos chineses, egípcios ou gregos.

Percorrerá a Galileia, a Samaria, a Judeia nas pegadas de um exaltado, sem dúvida genial, mas perturbado, inquieto, um exaltado que conhecia a Deus somente pela fé, que se interrogava inutilmente sobre si próprio e que, por não conseguir mudar o mundo, acabou por escolher, diante do Sinédrio e de Pôncio Pilatos, a saída custosa da provocação suicida.

Semelhante visão do Evangelho não põe um ponto final somente nas nossas perplexidades, como dizíamos acima, mas põe um ponto final no cristianismo; Cristo, nascido na história, morre na história, e com isso tudo está dito; o resto são especulações inúteis, aproximações duvidosas e busca ineficaz, pois nada encontramos quando, ao fim e ao cabo, somente nos procuramos a nós mesmos.

Aquele que entra no Evangelho pela porta da fé, pelo contrário, sabe — ou vislumbra — que não existem limites para a grandeza de Deus, e este é certamente o ponto mais essencial a ter em conta quando nos propomos viver ao longo de algumas páginas na intimidade de Cristo. Maravilhar-se-á com a descoberta de que o infinitamente grande tenha convivido algum tempo conosco no infinitamente pequeno, para partilhar o nosso pão e a nossa insignificância. Quem entra no Evangelho pela porta certa descobrirá em Cristo muito mais — é o que digo: "Muito mais" — do que um homem atormentado à busca de uma eventual identidade com Deus, fugidia e no fim das contas improvável; descobrirá, pelo contrário, um ser eterno que pouco a pouco adquire um conhecimento experimental da condição humana, até à agonia da cruz e ao grito dilacerante: "Meu Deus, meu Deus, por que me abandonaste?". Este brado marca, por assim dizer, o fim da lição, o exato momento em que a Encarnação, abolida toda e qualquer parcela de luz sobrenatural, se arremata no mais completo despojamento.

Quem tiver vislumbrado a grandeza deste dom verá crescer dentro de si um sentimento desconhecido, esse puro amor pelo amor que é a própria definição do Espírito Santo e que só pode nascer em nós por meio da divindade de Cristo, humildemente encerrada na sua humanidade.

Que é a verdade?

Diz o Evangelho que Cristo, ao comparecer diante de Pilatos, lhe disse: "Eu vim ao mundo para dar testemunho da verdade", e que Pilatos, como que interrogando-se a si mesmo, murmurou: "Que é a verdade?", saindo em seguida do pretório. É a última grande questão do paganismo, que estava bem autorizado a formulá-la depois de ter interrogado o céu durante séculos, com uma agudeza de espírito tão admirável como inútil. Os pensadores gregos e alguns outros disseram tudo, mas não disseram todos a mesma coisa, e, como as suas teorias são de uma lógica perfeita, podemos considerá-las todas verdadeiras — o que equivale a dizer que não existe uma verdade única, mas diversas, e até mesmo tantas quantas inteligências há que estejam em condições de raciocinar corretamente.

No entanto, Cristo nos diz: "Eu sou a verdade".

Para nós, a verdade não é uma ideia, um mistério ou uma filosofia, mas uma pessoa — que só pode ser, evidentemente, a pessoa de Jesus Cristo. Se é verdade que os gregos exploraram o pensamento humano em todas as direções, a ponto de reencontrarmos Monod em Demócrito, Darwin em Heráclito e, se procurarmos bem, Hegel em Platão, também é verdade que, desde o início da história e até os dias de hoje, Cristo é o único a ter-nos dito algo do pensamento divino. Infere-se daí que a verdade, para nós, é a irradiação da sua pessoa na nossa vida, no mundo e no pensamento humano.

Como reconhecer se alguma coisa é verdadeira?

Não temos nenhum meio de sabê-lo. Os antigos definiam o verdadeiro como "a adequação — isto é, a conformidade ou, se se preferir, a coincidência — da inteligência com a realidade". Emmanuel Kant *demonstrou, porém, desde há muito, que não somos capazes de conhecer "a coisa em si", mas somente o que ela é* para nós, *tanto que a concordância da inteligência com o real nada mais é que a harmonia da inteligência consigo mesma. A física ultramoderna confirmou plenamente este diagnóstico de Kant, mostrando-nos que o real nos escapa continuamente, que sempre há partículas para além das partículas, até que tudo se resolve num misterioso fluxo de energia. É impossível, pois, falar de "adequação da inteligência ao real", por falta de uma realidade palpável. Por conseguinte, não há resposta para esta pergunta.*

No entanto, São Tomás de Aquino diz: "O belo é o resplendor da verdade".

Reconhecemos que alguma coisa é verdadeira simplesmente por ser bela. Tomemos uma obra de arte moderna, o arco de uma ponte, a curvatura de uma barragem: a sua elegância é a expressão material e visível de um cálculo exato. O belo e o verdadeiro estão sempre associados, e formam o que chamamos "estilo", que se vem refugiando desde há algum tempo nas matemáticas ou na física. Verificada — infelizmente — em Hiroshima e Nagasaki, e portanto verdadeira, a equação de Einstein é, na sua simplicidade, de uma tal beleza que a leríamos sem grande surpresa no relato do Gênesis ("Seja a energia igual à massa multiplicada pelo quadrado da velocidade da luz").

Assim, o estilo está vinculado ao verdadeiro, ao passo que o talento se prende ao artifício, quando não à mentira. Pascal tem estilo porque o seu espírito científico lhe permite captar a verdade mais de perto. A filosofia moderna não é verdadeira, porque não é bela... E vice-versa. Numa frase como esta, de Jean-Paul Sartre: "O nada é um buraco de ser, uma queda do em-si em direção ao si, através da qual se constitui o por-si", é impossível encontrar a menor parcela de verdade em tão indigesto amontoado de palavras.

As objeções extraídas de Kant e da física ultramoderna devem ser rejeitadas. Kant é um pensador admirável, mas serve-se da inteligência contra ela mesma e esquece a sua aptidão essencial: o poder de apagar-se totalmente diante daquilo que existe, diante daquilo que *é*. E a física ultramoderna não nega o real, e de maneira alguma renuncia à possibilidade de conhecê-lo.

Ouvimos com frequência, em conversas banais, este lugar-comum criado pela incredulidade geral: "É belo demais para ser verdade". Engano detestável. Pelo contrário, se Deus existe — e ele existe —, nada é suficientemente belo para ser totalmente verdadeiro.

Pode-se dizer que algo é belo?

Como poderíamos? "O belo", dizia judiciosamente Aristóteles, "é o que agrada aos olhos". Trata-se, pois, de uma simples relação de conveniência entre um objeto qualquer e a pessoa que o contempla. Esta, aliás, não o verá da mesma maneira — ou, se preferirmos, "com os mesmos olhos" — se for europeia, esquimó ou papua; se for instruída ou inculta; se tiver aprendido a andar sobre tapetes persas ou sobre a terra batida de um barraco; se tiver estudado — ou não — o suficiente para poder estabelecer, entre as obras que se lhe deparam, as comparações em que se fundamenta todo o juízo, que mesmo assim continuaria subjetivo. Um aborígine do sudoeste africano pode extasiar-se diante da "Vênus hotentote", que a nós nos parece disforme, mas recuará horrorizado diante da Diana caçadora; o chinês dirá que no Partenon faltam os ângulos curvos voltados para o alto, e o muçulmano opinará que os nossos campanários são minaretes talhados de maneira demasiado grosseira para que com eles se possa escrever alguma coisa no céu. Semelhantes evidências dispensam demonstrações.

No entanto, "semelhantes evidências" são a ruína da moral, da inteligência e do coração, pois o que se acaba de dizer sobre o belo poderia ser repetido com relação ao verdadeiro e ao bom, que neste caso não passariam de uma questão de opinião ou de apetite: uma afirmação desse tipo só pode provocar a ruptura de toda a comunicação entre as inteligências e de toda a comunhão entre os corações.

Os exemplos citados são falhos. Fomos nós que adornamos com o nome de Vênus a pobre mulher empalhada que um dos nossos museus propõe à basbaquice das multidões, ao passo que os hotentotes nunca andaram fazendo declarações públicas sobre as deusas gregas. O Partenon domina toda a arte, e os gregos não são os únicos a admirá-lo; nada prova que um chinês não seja capaz de apreciá-lo tanto quanto um descendente dos *vikings* ou dos gauleses, que por sua vez são perfeitamente capazes de encontrar beleza num pagode, cujos ângulos voltados para o alto lembram as defesas frontais de algum animal sagrado ou o gesto de um dedo indicador que esteja convidando o céu a visitar o edifício. Aliás, a beleza do Partenon não deriva unicamente das suas proporções: é uma maravilhosa "gaiola do divino", o mais belo esforço da inteligência pagã para confinar a ameaçadora incomensurabilidade dos deuses nos limites da razão humana. Este é o princípio implícito da sua arquitetura, e a causa primeira, imaterial, da admiração que qualquer pessoa lhe devota por instinto.

Evidentemente, o materialista continuará a sustentar que todas essas pretensas belezas do templo, do pagode, do livro ou da rosa não passam de afortunados encontros com o nosso globo ocular, cuja conformação o predispõe para elaborar harmonias geométricas que somente existem em estado virtual na realidade. Deveria admirar-se de que semelhante poder tenha sido conferido ao seu olhar, mas é justamente o que não faz, receoso de que seja necessário agradecer a alguém esse dom precioso. Renderá graças somente a si mesmo e dirá, com Paul Valéry, que o Partenon é, "antes de mais nada, um amontoado de pedras", ou que o lírio é antes de mais nada um vegetal ao qual os seus olhos atribuem uma elegância que o vizinho preferirá encontrar na tulipa ou no alpiste. Questão de gosto. Não chegará sequer a perceber que semelhante maneira de pensar já provocou horríveis estragos entre nós.

Se as coisas não são por si mesmas nem belas nem feias, nem boas nem más; se somos apenas nós que o decidimos, sem podermos decidir pelos outros; enfim, se há a este respeito tantas opiniões quantos os juízes, então deixam de existir referências comuns para as inteligências. Como temos de viver em sociedade, será então o poder político que dará as cartas em nome de todos, de forma mais ou menos brutal. Começa-se por não dar ouvidos à mensagem da rosa, e acaba-se por ter de escutar a mensagem do cassetete.

O cristão não se deixa capturar por essa lógica. Recorda-se de que Cristo, de quem nos vem toda a verdade, disse aos seus discípulos: "Sede perfeitos como o vosso Pai Celestial é perfeito". Para ele, existe, pois, uma perfeição suprema que envolve necessariamente o belo, o bom, o verdadeiro, elementos sem os quais essa perfeição seria imperfeita. Segue-se daí que todas as coisas criadas, uma vez que procedem da perfeição absoluta, possuem nalgum grau uma parcela ou um reflexo divinos que nos permitem dizer com plena segurança que são belas, quando nós nos apagamos suficientemente para perceber o que dizem de Deus — pois não falam, em última instância, senão dele.

É preciso que Deus exista para podermos dizer que uma rosa é bela, mesmo quando fechamos os olhos. Porque a beleza das coisas prende-se com a lembrança que conservam de Deus, e elas tornam-se feias na medida em que dele se esquecem.

E esta conclusão é igualmente verdadeira na ordem da moral.

Pode-se ser objetivo?

*E*sta pergunta é proposta com certa frequência aos jovens que pretendem ingressar na universidade e que costumam ter também a prudência de responder que, se por um lado a objetividade é desejável, por outro, infelizmente, é impossível. Encontramo-nos imersos num mundo cuja natureza profunda nos escapa, e somos tributários dos nossos sentidos, que nos fornecem informações por vezes duvidosas, como Descartes já havia observado ao analisar o exemplo da vara que parece quebrar-se quando a mergulhamos na água, ou o das fileiras de casas paralelas que parecem encontrar-se no final de uma rua. Somos prisioneiros da estrutura do nosso cérebro e das categorias da nossa inteligência; estamos formados ou deformados pelo meio, pela educação e por influências diversas que atuam sobre a nossa capacidade de julgar, geralmente à nossa revelia; acrescente-se a isso a nossa propensão para pintar as coisas com as cores que nos convêm e para ver nelas somente aquilo que nos agrada ver. Tudo demonstra, pois, que a objetividade é um ideal inacessível ou, de maneira mais prosaica, uma ilusão entre outras.

Em suma, é-nos tão impossível ter uma visão objetiva do mundo como o é para um peixe sair da água a fim de ter uma visão geral do oceano.

No entanto, há peixes voadores... Mas, para falar mais a sério, reconhecer que não somos objetivos já é mostrarmo-nos notavelmente objetivos.

Desde que esquecemos ou renegamos a nossa origem, vimos cometendo inúmeros erros a respeito da inteligência. Ora suspeitamos que ela deforma tudo o que observa, ora pensamos que só tem a impressão de conhecer as coisas, quando na verdade apenas se conhece a si própria. Essa palavra serve para designar tanto o gênio de Pascal como a astúcia do político de periferia, tanto a engenhosidade do pesquisador de laboratório como a facilidade de retrucar da menininha malcriada.

Ora bem, a inteligência, como todo o resto, vem do amor, e dela podemos dizer o que São Paulo diz da caridade: que é paciente, é prestativa, não se compraz em si mesma, não procura o seu próprio interesse, faz-se tudo para todos, e a sua glória corresponde à medida do seu aniquilamento. Nascida em nós do desejo da Palavra, está feita para dialogar com a Luz, e é este diálogo o que ela procura retomar quando interroga o Céu e a Terra, os mistérios da vida, do espaço e do tempo. Como toda a ciência, tem a objetividade por princípio, o desapego de si por regra e — bem podemos dizê-lo sem incorrer em nenhum paradoxo — só existe plenamente quando deixa de existir, quando é puro espelho do outro, pois essa é a sua maneira de amar.

A inteligência não ignora nenhum dos *handicaps* acima citados, que efetivamente podem dificultar o exercício da sua liberdade, mas a espantosa capacidade de apreensão que lhe é própria permite-lhe reconhecê-los e, por conseguinte, superá-los. Sabe que os seus fracos sentidos "pescam" muito poucos elementos do imenso oceano de energia que nos cerca — o universo —, mas sabe também que são amplamente suficientes para lhe indicar o caminho que a conduz até à Luz incriada, princípio e fim da sua busca, e que só encontrará repouso em Deus e em nenhum outro lugar. Sabe igualmente que está encarnada, que está vinculada ao pó de que estamos compostos, que pode sofrer com este corpo do qual depende, e que se verá submersa em trevas sempre que ele se encontrar pregado à cruz. Razão a mais para não a cumularmos de outras trevas, impedindo-a de ir aonde é esperada, encarcerando-a na cela sombria do subjetivismo e arrancando-lhe ao mesmo tempo a estranha esperança de eternidade que esse ser efêmero que somos traz dentro de si.

A objetividade é, sem dúvida, difícil, como são difíceis a contemplação, o despojamento e a humildade. Mas se alguém nos disser que ela é impossível, podemos estar certos de que esse alguém jamais será capaz de outra coisa senão de tecer redes de relações lógicas entre uns objetos pelos quais nunca terá amor, como a aranha que faz a sua teia no ângulo de uma viga; abandonemo-lo às suas moscas.

Ciência e fé são compatíveis?

A história parece demonstrar que não o são. Conhecemos a célebre réplica do sábio Marquês de Laplace, teórico do determinismo integral: "Deus? É uma hipótese de que não necessito". O mesmo acontece no conjunto das ciências, que caminham sobre dados garantidos e reconhecidos, verificados pela experiência e que excluem toda a intervenção exterior à natureza. Não é este o caso da fé, que utiliza os dados impossíveis de serem verificados da Revelação, que transforma em dogmas uns mistérios desconcertantes para a razão, e que convida a crer a despeito de tudo aquilo que costuma dar margem a dúvidas, como o mal, o sofrimento, a morte e esse fato que poderíamos chamar "a evidente ausência de Deus". Por outro lado, a história mostra-nos que os progressos do conhecimento restringem inexoravelmente o domínio religioso, hoje reduzido ao território impreciso do sentimento e da moral. Cada vez que se descobre um segredo da vida, a religião perde um argumento. É legítimo concluir, portanto, que a ciência e a fé são incompatíveis.

No entanto, tudo isso mudou desde o início deste século. Inúmeros cientistas não hesitam hoje em dizer-se cristãos, e a fé não lhes parece de modo algum contrária ao exercício da sua vocação. O próprio Einstein recusava-se a pensar que "Deus joga dados com o universo", e a ele devemos esta fórmula curiosa, menos conhecida do que a sua famosa equação, menos rigorosamente construída também, mas reveladora: "A religião sem a ciência seria cega, a ciência sem a religião seria coxa". Ciência e fé não são incompatíveis de forma alguma, e podem coexistir perfeitamente num mesmo espírito.

Em vez de "a ciência", melhor seria dizer "as ciências", pois todas se desenvolveram tanto nas suas respectivas ordens que se estão afastando cada vez mais umas das outras, como os raios de uma roda. Comunicam-se cada vez menos facilmente entre si e ninguém parece estar à altura da tarefa de unificá-las num pensamento global. Oppenheimer, um dos "inventores" da bomba atômica, comparou certa vez o imenso edifício dos conhecimentos modernos a uma espécie de prisão com paredes tão espessas que o diálogo se tornou impossível entre uma cela e outra. Existe, porém, um ponto comum entre todas as ciências: todas procuram a verdade, remontando de causa em causa, sob o controle das matemáticas, até à origem dos fenômenos que se apresentam ao seu exame. A primeira das suas virtudes é a humildade, e, na ausência desta, nunca descobririam nada. Já a religião interessa-se menos pela origem dos seres do que pelo seu destino; importa-lhe menos saber como é constituído o homem, do que saber qual é a sua vocação.

Depois de se ter perguntado: "Quem somos nós?", questão a que só Deus poderia responder, Paul Gauguin acrescentava: "De onde viemos? Para onde vamos?". As ciências, ou a ciência, se preferirmos usar este termo para maior comodidade, responderiam mais propriamente à primeira questão, e a religião, à segunda. Ambas constituem, porém, as duas asas de um mesmo conhecimento, que não voaria por muito tempo se se visse privado de uma delas. Não somente a ciência e a religião não são incompatíveis de direito, como deveriam estar estreitamente associadas de fato na inteligência humana, a fim de não a privarem de nenhuma das duas perguntas fundamentais que se erguem diante dela, desse "como" que muitas vezes deixa a religião hesitante, e desse "por que" que alguns cientistas persistem em eliminar do seu vocabulário, para não terem de passar o resto das suas vidas tentando responder a ele.

É digno de observação, incidentalmente, o fato de que, quanto mais se avança na investigação das coisas, mais cresce o seu mistério. Uma mulher que faz tricô é sempre misteriosa pela combinação de presença e ausência que caracteriza esse gênero de ocupação. Mas quando se sabe que ela é, na realidade, um aglomerado de partículas elementares associadas em átomos constituídos em moléculas que se dedica a fazer tricô, o mistério assume proporções cósmicas.

É quando as coisas são cientificamente explicadas que mais precisam de uma explicação religiosa.

A fé e o Big Bang

*C*onforme o prova o desvio para o vermelho do espectro das galáxias, o universo está em expansão, mais ou menos como um feixe de fogos de artifício. Para que as galáxias estejam em dispersão, é necessário que tenham tido um ponto de partida. Deduzimos, pois, que no princípio toda a massa do universo se achava condensada num ponto imperceptível, muito menor do que a ponta de um alfinete, onde dominava um calor espantoso. Num momento dado, há dez ou quinze bilhões de anos, produziu-se algum acontecimento que não foi propriamente uma explosão, mas antes uma brusca expansão acompanhada de uma imensa liberação de energia no vazio. Foi esta energia que se transformou em matéria durante o crescimento desse ponto físico inicial, até formar por uma série de metamorfoses (a palavra é imprópria, mas qualquer outra o seria também) o nosso universo em expansão contínua, cuja imensidão desafia o alcance dos nossos telescópios.

Esta teoria, extraída há cerca de sessenta anos das observações do astrônomo belga Lemaitre, e elucidada mais recentemente pelo físico Gamow, que a vulgarizou sob o expressivo nome de "Big Bang" (ou "Grande Bum") primordial, é hoje adotada pela maioria dos astrofísicos. Como atribui um começo ao universo, não contradiz em nada a doutrina judaico-cristã da Criação, e a Igreja poderia, sem maiores *inconvenientes, apoiar-se nela para conferir, por fim, uma base científica à sua pregação.*

No entanto, se é verdade que o relato bíblico da Criação se abre pela evocação de um *tohubohu*, de um caos que evoca vagamente o informe "caldo de partículas" (mais exatamente: de *quarks*) que teria sucedido ao Big Bang, é também verdade que o Evangelho nos diz: "No princípio era o Verbo", ou seja, a Palavra, e nenhuma outra coisa.

A Igreja não tem o menor interesse em vincular-se a qualquer sistema científico. Por muito tempo depositou a sua confiança no sistema de Ptolomeu, que colocava a Terra no centro do mundo. Depois vieram Copérnico e Galileu, que lançaram a Terra no turbilhão das estrelas, e ela se viu obrigada a fazer com eles essa viagem depois de uma vã tentativa de resistência. As teorias científicas têm a imensa vantagem de estarem sujeitas a revisão, e é possível que à teoria do Big Bang suceda uma outra que, ao invés de falar de expansão, mostrará que as galáxias descrevem curvas majestosas somente para encontrarem um ponto de atração irresistível e desconhecido. Quem poderá dizer? Os trabalhos dos físicos e dos astrofísicos são do maior interesse, mas não faz sentido erigir as suas hipóteses em doutrina, o que aliás nem eles mesmo fazem, tão grande é a importância que atribuem — e com razão — à sua liberdade de pesquisa.

Aliás, a teoria do Big Bang apresenta muitos pontos obscuros. Quando nos dizem, por exemplo, que a brutal dilatação do ponto físico original liberou uma enorme quantidade de energia no vazio, é evidente que o problema passa do ponto físico (a "ponta do alfinete" em que se encontraria concentrada a massa do universo) para o próprio vazio, um vazio absoluto e primordial tão difícil de definir quanto qualquer mistério cristão.

E a própria teoria não é tão nova. Já se encontra a mesma intuição na extraordinária obra-prima de Edgar Poe intitulada *Eureka*, publicada em 1848. A teoria de Edgar Poe é puramente lógica, e os conhecimentos do seu tempo não permitiam ao autor apoiá-la na análise do espectro das galáxias ou no ciclo das reações termonucleares; seja como for, o resultado é de uma analogia impressionante: o universo está em expansão, saiu todo ele de um ponto. Pode acontecer, pois, que o gênio, apesar de desprovido dos meios de pesquisa excepcionais de que dispomos hoje, obtenha os mesmos resultados.

Quanto ao paralelismo entre o Gênesis e o Big Bang, é falho pelo menos num ponto: o Gênesis falamos do começo do mundo visível, e não dos segredos de fabricação da matéria. E não nos esqueçamos de que nós cremos — nós, cristãos, bem como os judeus ou os muçulmanos — que o espírito é anterior a todas as coisas, visíveis ou invisíveis.

E se a ciência viesse a demonstrar que Deus não existe?

Essas palavras revelam um temor muito difundido entre os fiéis desde que se produziu o grande impulso das ciências naturais, que contradizem a religião em inúmeros pontos. Ao mesmo tempo, exprimem uma esperança periodicamente revigorada pelo ateísmo militante. Foi este temor que levou a Igreja a condenar Galileu, não à fogueira, mas à "prisão domiciliar", punição bastante bem-humorada para um homem que girava em torno do sol. Para a Igreja, a Terra deveria ocupar o centro do mundo, e conjeturar o contrário significava infligir à Sagrada Escritura um desmentido quase blasfemo. Precisou ela de quase um século para voltar atrás nesse erro e para compreender que a importância da Terra não é um problema de mera localização no espaço. No século XIX, os fiéis tiveram de sofrer muito ao ouvir Marcelin Berthelot declarar que "doravante o universo não apresenta mais mistérios para os cientistas", é razoável pensar que a ciência, num dia já próximo, nos obrigará a economizar a "hipótese de Deus" formada nos séculos de ignorância.

No entanto, só existe uma ciência do observável e do mensurável, e Deus não é nem um nem outro.

Para demonstrar que Deus não existe, seria necessário que aquilo a que vocês chamam "ciência" descobrisse um elemento primordial desprovido de causa, que existisse por si mesmo, e cuja presença explicasse todo o resto e abolisse todas as dúvidas, e é justamente a esse elemento que nós chamamos Deus.

Dizer "Deus" responde a alguma coisa?

"Deus" é uma palavra que as religiões utilizam sempre que lhes faltam explicações, como os jogadores de pôquer que usam o seu coringa para completar uma trinca ou uma sequência. Quando nos perguntam, por exemplo: "Por que existimos?", responder: "Porque Deus assim o quis" simplesmente adia o problema sem resolvê-lo; significa colocar um ponto final ao debate, mais ou menos como as crianças que gritam: "Pique!", quando estão prestes a ser apanhadas no jogo pelos companheiros. Graças a essa palavra mágica, o espírito religioso pensa ter resposta para tudo, mas no fim das contas não responde a nada.

No entanto, Deus diz: "Não pronunciarás em vão o nome do Senhor teu Deus", o que significa simultaneamente que é preciso evitar os juramentos irrefletidos e que a palavra "Deus" não é vazia de sentido.

De todas as ideias falsas, a mais falsa é aquela que consiste em imaginar que o espírito religioso responde "Deus" para fugir da questão: "Por que existimos?", quando na verdade foi ele o primeiro e continua a ser sempre o único a formulá-la. A questão manifesta o despertar desse espírito que é uma aptidão pura e exclusiva para o absoluto e para o eterno que há em cada um de nós; e é esta tendência a que leva o espírito religioso a negar tudo o que é relativo e limitado, até conseguir encontrar ou reencontrar o seu lugar natural, o próprio Deus, em quem todas as perguntas são respondidas pela evidência e todas as inquietações pela alegria. O nosso espírito, o nosso pobre espírito erradio e fugaz, sabe muito bem que o segredo da natureza não se encontra na natureza, mas nesse Ser que não é a resposta, e sim pura e simplesmente a causa de todas as perguntas que nos fazemos a nós mesmos.

Que se pode afirmar a respeito de Deus?

Nada, ou quase nada, segundo parece. A Bíblia não cessa de repetir que os Seus pensamentos não são os nossos pensamentos, que ninguém jamais o viu nem poderia vê-lo, e, se assim é, como falar dele? As maiores inteligências religiosas de hoje dir-nos-ão que ele é o "Incognoscível", o "totalmente Outro", com maiúsculas de cortesia que exprimem ao mesmo tempo a nossa homenagem, a nossa incapacidade de entendê-lo e o pesar que sentimos por isso. A sua natureza é tão diferente da nossa que desafia o nosso entendimento; os antigos Padres já observavam que não dispunham de nenhuma palavra digna de qualificá-lo, que não podemos dizer que Deus é "belo" ou "bom" porque a sua bondade e a sua beleza ultrapassam por completo aquilo que esses vocábulos designam no âmbito dos nossos medíocres pensamentos. Um deles chegou mesmo a sustentar — e a Igreja não o corrigiu — que era indiferente considerar Deus belo ou feio, pois essas palavras perderiam todo e qualquer significado quando aplicadas a ele, por falta de um termo de comparação possível. Nestas condições, tudo o que se pode dizer de Deus é, a rigor, que ele existe, pelo menos segundo a fé. O resto é pura imaginação ou especulações quiméricas.

No entanto, assim como um desconhecido pode apresentar-se, também o incognoscível pode dar-se a conhecer, e é o que chamamos "Revelação".

Quando sustentamos que Deus é incognoscível, dizemos a verdade, se por essa palavra queremos dizer que não podemos circunscrevê-lo nos limites da nossa compreensão e que ele excede as nossas capacidades por todos os lados. Infelizmente, não é assim que se interpreta geralmente a palavra "incognoscível". Para a grande maioria, este termo somente faz supor que não podemos saber nada de Deus, e os corações simples, que são os melhores, deduzirão daí que é inútil interessar-se pela religião, visto ser ela a primeira a reconhecer que não sabe de quem está falando.

A observação dos Padres da Igreja sobre a nossa incapacidade para dizer de Deus qualquer coisa de adequado — a tal ponto que seria impróprio e, por conseguinte, indiferente dizer dele o que quer que seja —, desde sempre fez as delícias dos filósofos da religião, mas tem o inconveniente de tornar muito difícil a oração. Poderemos por acaso imaginar-nos dentro de uma igreja para dizer a Deus: "Ó Vós que não sois nem belo nem feio, nem bom nem mau, que sois incognoscível e totalmente Outro, tende piedade de mim, a quem fizestes à vossa imagem e que, por esse motivo, deve também ser desconhecido para vós"?

Na verdade, penso que a palavra "beleza" só se aplica em todo o rigor do termo a Deus, e somente a ele; todas as belezas do mundo são apenas pálidos reflexos da sua. São necessárias poucas palavras para dizer-lhe que o amamos, e todas elas são adequadas; os poetas e os místicos sabem que é assim. Por outro lado, não compreendemos como é possível persistir em chamar a Deus o "totalmente Outro", e continuar a ensinar que Cristo, que pôde ser visto, ouvido e tocado, é a segunda pessoa da Santíssima Trindade. "Quem me vê vê o Pai", disse ele. E como nos pediria que orássemos "sem cessar", se soubesse que não teríamos palavra alguma com que fazê-lo? Como poderíamos

QUE SE PODE AFIRMAR A RESPEITO DE DEUS?

nós dirigir-lhe a mais bela de todas as orações, quando essa oração consiste principalmente em agradecer-lhe por ser o que é?

Apoiar-se na Sagrada Escritura para afirmar que nada podemos dizer de Deus não passa de um perigoso paradoxo, quando por outro lado sustentamos que foi ela que nos ensinou quase tudo o que sabemos dele. Na realidade, podemos afirmar sobre Deus tudo aquilo que nos sugerem o nosso coração, quando é puro, e o nosso espírito, quando por fim se esquece de si próprio. O abismo intransponível entre a sua pessoa e a nossa, que alguns parecem obstinar-se em mostrar-nos, não deveria produzir em nós outra forma de vertigem senão aquela que resulta da revelação de um amor prodigioso.

E Deus, quem o criou?

Antigamente, tentava-se "provar" a existência de Deus pelo encadeamento dos efeitos e das causas, e como essa corrente tem de ter um começo, foi-lhe conferido o nome de "causa primeira", que se assimilava a Deus. Mas, uma vez lançada no caminho, a razão não se deixa deter na sua marcha, e quando percebeu que a continuidade das causas exigia uma causa primeira, ou — o que vem a ser o mesmo — que as coisas criadas requeriam um criador, viu-se ela no direito de perguntar qual seria a causa dessa causa primeira, e como teria surgido esse criador. A pergunta — e são muitos de vocês a formulá-la — é, pois, perfeitamente justificada. Aliás, é por ser insolúvel que se acabou por renunciar ao raciocínio que conduz a ela. Esta "prova" tradicional da existência de Deus foi abandonada. Sabemos hoje que Deus é indemonstrável.

No entanto, perguntar: "Quem criou Deus?" significa reduzi-lo a uma criatura como as outras, o que ele não é por definição.

A sucessão das causas acontece necessariamente no tempo, e Deus é eterno; por conseguinte, ele não faz parte desse encadeamento que a razão observa na natureza.

A inteligência, que nos leva a afirmar a existência de uma "causa primeira" — sem a qual ou nada teria começado, ou tudo seria sucessivamente causa primeira, o que é contraditório — não pode compreender a natureza dessa "causa primeira" em virtude do próprio raciocínio que a conduziu a pressupor necessariamente a sua existência.

Quanto às "provas", tradicionais ou não, da existência de Deus, serão o assunto do próximo capítulo.

Prove-me a existência de Deus

*D*emonstrar Deus é impossível, e aliás não se poderia fazê-lo sem prejudicar a fé. Os antigos chegavam a Deus por cinco vias:

1. A "prova" pelas causas, que acabamos de examinar;

2. A "prova" pelo movimento, pois tudo o que se move é movido por outro, ou seja, todo o movimento é precedido de outro movimento, o que nos leva a exigir a existência de um "impulso inicial" equivalente à "causa primeira";

3. A "prova" pelo "possível" e pelo "necessário": é evidente que as coisas não são absolutamente necessárias, pois poderiam não existir, e efetivamente morrem. Como, no entanto, elas existem, é preciso que num determinado momento lhes tenha sido conferida uma certa necessidade; e voltamos a encontrar assim a ideia da "causa primeira";

4. A "prova" pelos graus de perfeição dos seres, que pressupõem uma perfeição suprema em relação à qual possam ser classificados como mais ou menos bons, mais ou menos verdadeiros;

5. E, por fim, a "prova" pelo governo dos seres que não estão dotados de conhecimento, mas que mesmo assim agem sempre em vista de um fim e de maneira a realizarem o melhor, o que pressupõe a existência de uma vontade que os dirija. (Observemos de passagem que os antigos já tinham algum pressentimento da teoria darwinista da "sobrevivência do mais apto", *pois falavam de uma tendência dos seres "a realizarem o melhor").*

Todas estas "provas" tradicionais prendem-se à ideia de "causa", combatida desde os séculos XVII e XVIII pelos filósofos (Locke, Kant e outros), para os quais a dupla "causa-efeito" não passa de um mero jogo de reciprocidade dialética em que cada um desses elementos implicaria o outro; não haveria, pois, nem causa nem efeito na natureza, onde não se poderiam observar senão meras repetições de fenômenos desvinculados entre si; o elo entre causa e efeito somente existir no nosso entendimento. Além disso, desde essa época admite-se que a nossa razão — isto é, a nossa inteligência enquanto se dedica a pesquisar metodicamente o mundo — não é capaz de atingir a realidade daquilo que Emmanuel Kant chamava "a coisa em si".

Em suma, a razão não pode alcançar Deus. Não tem sequer o direito de levantar o problema da existência de um ser como ele, que por definição a supera e que contradiz os elementos materiais sobre os quais ela baseia as suas operações.

No entanto, Deus, diz São Paulo, torna-se manifesto a qualquer inteligência por meio das suas obras.

Antes de mais, despachemos rapidamente as objeções. A noção de causa não é, de forma alguma, uma invenção da nossa razão. Provém da experiência, e aliás a ciência não deixa de apelar para ela a toda a hora. Se vejo crianças, a experiência me dirá que não se fizeram sozinhas. Algum filósofo poderá objetar que não posso provar essa afirmação, mas então terá muito trabalho para provar-me, por sua vez, que estou errado se lhe digo que apareceram no bico de umas cegonhas. Os filósofos desta espécie somente recusam o princípio da causalidade para não se verem conduzidos, como que pela mão, a essa "causa primeira" que os obrigaria a seguir o caminho de São Paulo, e a reconhecer Deus nas suas obras. É pelo mesmo motivo que andaram submetendo a razão à tortura, depois de a terem exaltado tanto.

PROVE-ME A EXISTÊNCIA DE DEUS

Com efeito, começaram por preferir a razão à fé, acusada de cercear as inteligências e de esmagá-las entre dogmas improváveis; depois, como a razão persistia em falar de Deus, ou pelo menos em chamar a atenção sobre ele, passaram a duvidar das suas capacidades de deduzir ou de provar o que quer que fosse, ou de conhecer algo diverso de si mesma: no momento em que erigiam uma estátua à deusa Razão, esta já havia perdido os atributos divinos que lhe tinham concedido tão apressadamente no momento em que ainda se esperava que ela viesse a emancipar os espíritos da religião.

Destituída das suas grandezas, reduzida à condição de escrava das ciências exatas ou aproximativas, a razão viu-se proibida de casar-se com o real: não podemos conhecer "a coisa em si", dizia Kant, sem no entanto nos dizer através de que miraculosa revelação a inteligência — que em hipótese alguma poderia sair de si mesma — teria podido apreender a existência de uma "coisa em si". "Restringi o poder da razão" — dizia ainda esse mesmo filósofo — "para ampliar o da fé". Mas como a fé de que fala não é necessariamente a fé cristã, nada impedia que ela viesse a ser, um dia, a fé racista ou stalinista. E que verdade se poderia opor a uma fé dessas, se o mundo não passa de um vasto reduto de miragens em que a inteligência só se vislumbra a si mesma, indefinidamente multiplicada pelos seus próprios reflexos?

Com efeito, o cristianismo é a única instância que confia totalmente na razão. Nunca a ataca, mesmo quando parece opinar contra ele. Não a acusa, como o racionalismo não hesita em fazê-lo quando ela murmura o que não lhe convém ouvir. No cristão, a razão é inseparável da fé, e ele a respeita como um dom de Deus. Não se permite duvidar dela quando tarda em trazer-lhe a solução de algum problema, e não comete a colossal perversidade de servir-se dela, não para reconhecê-la, mas para fixar-lhe limites; e não se permite taxá-la desdenhosamente de "antropomorfismo" ou denunciar a sua radical incapacidade quando ela se encontra colocada pela observação científica diante de uma dificuldade provisoriamente desconcertante, como a dupla natureza corpuscular e ondulatória da luz.

O cristianismo é a religião da razão. Somente difere do racionalismo em que não tapa os ouvidos quando ela diz "Deus".

"Provar Deus" não significa, porém, "torná-lo evidente". A razão pode reunir o que se chama com justiça "indícios concordantes", e atinge o ponto máximo da sua lógica quando nos diz *que* ele é; não pode, porém, dizer-nos *quem* ele é, pois este conhecimento pertence ao domínio da Revelação.

Ao lado das vias tradicionais, que continuam em bom estado, mas são pouco usadas hoje em dia, mesmo aos domingos, há diversos argumentos que permitem à razão ultrapassar os simples "indícios concordantes", e por assim dizer quase surpreender Deus "em flagrante delito".

Cito alguns exemplos; repito, porém, que se trata de meras abordagens que podem ajudar o incrédulo a refletir e o fiel a resolver as suas dúvidas.

No prólogo que escreveu para um admirável trabalho de David Bohm, Prêmio Nobel de física, o professor Grof resume assim — aliás muito bem — o pensamento materialista:

> A ciência ocidental tradicional considera a história do universo como a história do desenvolvimento da matéria; a vida, a consciência e a inteligência criadora representariam somente uns subprodutos acidentais, desprovidos de sentido, de uma matéria basicamente passiva e inerte. A origem da vida e da evolução dos organismos vivos é considerada nesta perspectiva como um simples epifenômeno que teria emergido no momento em que o desenvolvimento da substância material atingiu um determinado grau de complexidade.

Esta teoria sempre teve como objetivo — quer alardeado, quer secreto ou inconsciente — eliminar Deus do discurso da inteligência humana, empreendimento que, depois de voltas e reviravoltas mais ou menos longas, leva sempre ao impossível ou ao absurdo. Mesmo que o mundo não passasse de uma questão de geometria, e, por mais que complicássemos as figuras, elas jamais seriam capazes de produzir um pensamento apto a compreendê-las; para caricaturar um pouco, jamais veremos um triângulo perceber de repente, com grande júbilo, que a soma dos seus ângulos internos é igual a dois ângulos retos.

A dificuldade era tão grande que Descartes — um dos mestres fundadores desse sistema que por muito tempo foi moderno e já não o é — apelava para Deus a fim de resolvê-la. Mas ainda era conceder demasiado à teologia, e assim se chegou àquela ideia acima mencionada, de que o pensamento não passava de um epifenômeno, como que o vapor de uma antiga locomotiva. O trenzinho mecanicista circulou durante muito tempo, mas já não tem muitos passageiros, especialmente depois que o vapor concebeu o trem elétrico.

O problema permanecia intacto: de que maneira um epifenômeno se apercebe de que é um epifenômeno? Delegou-se a missão de dar solução ao problema às diversas ciências da alma ou do cérebro, e modificou-se o universo. O mundo já não era feito de pequeninos elementos estáveis que se associavam em arquiteturas cada vez mais complicadas, para por fim oferecerem-nos o extraordinário espetáculo que temos diante dos olhos. Na realidade — dizem-nos agora —, tudo na natureza são ondas, frequências, vibrações, corpúsculos, que aliás estão dotados da propriedade de se manifestarem sob formas tão diferentes como a de uma onda ou a de um grão de matéria. Mas, então, por que a natureza não fez de nós simples receptores e emissores de ondas e de corpúsculos, por que se empenhou tanto em produzir um ser capaz — graças a um equipamento sensorial e cerebral extremamente elaborado, é certo, mas no fim das contas de fraca potência —, um ser capaz de captar uma pequenina parte das emissões que ela produz e de transformá-las em imagens e conceitos, a fim de falar outra linguagem que não a dela? Para simplificar gentilmente as coisas: como é que a nossa mãe, a natureza, que só sabe exprimir-se por gestos, nos ensinou a falar chinês?

Certa vez, formulei a questão a um professor americano de física teórica, Prêmio Nobel, que parecia entediado num almoço restrito a cientistas e ao qual fui convidado por engano. Esperava que me desse de ombros, mas tive a surpresa de ouvi-lo dizer sem a menor ironia: "Eis um problema!". Esse mesmo cientista de espírito aberto convidou-me um mês depois para uma reunião de físicos que se estava realizando em Versailles e onde, dizia ele, poderíamos "retomar a questão". Até hoje lastimo não ter adiado a viagem que me impedia de comparecer e que me teria dado o ensejo de retomar uma conversa da qual muito podia esperar, pois os físicos constituem via de regra os homens mais despertos e mais livres de preconceitos. Mas que a minha pergunta tenha sido levada em consideração por um deles já era, para mim, uma resposta: existe uma vontade que atua na natureza, e a obstinada habilidade com que esta se empenha em nos ensinar uma língua que ignora, eis o que chamo um "flagrante delito de intenção" e uma constatação de Deus.

Podemos propor uma outra. A física moderna vai de revolução em revolução, mas os seus grandes revolucionários não têm unanimemente a mesma visão do mundo, e chega mesmo a acontecer que nos transmitem imagens contraditórias. A teoria da relatividade de Einstein, por exemplo, impõe a ideia de um movimento contínuo (o movimento começa com a existência), causalmente determinado e bem definido; a mecânica quântica de Max Planck, pelo contrário, que também tem força de lei entre os físicos, afirma que esse mesmo movimento não é determinado, nem contínuo, nem definido. Ambas as teorias têm áreas de aplicação diferentes, uma na ordem de grandeza do mundo estelar, a outra no infinitamente pequeno, mas foram adotadas juntas apesar das suas contradições aparentes.

Contudo, o espírito humano está sedento de unidade e procura incansavelmente uma explicação que seja válida de cima a baixo na "escada de Jacó" do conhecimento, ou pelo menos uma explicação que não mude bruscamente de um degrau para outro, sem que ainda por cima possamos dizer qual é o degrau em que muda. Assim apareceu um terceiro grande revolucionário — David Bohm —, que nos oferece uma nova visão do universo em que as duas teorias precedentes encontram conjuntamente o seu lugar a título de formas abstratas ou derivadas de uma realidade mais profunda. Segundo esse autor (extraio estas linhas do prefácio do seu livro mais rico em ideias),¹

> cada centímetro cúbico de espaço vazio contém mais energia do que se poderia encontrar no universo conhecido. O universo inteiro, tal como o conhecemos, não passa de um simples pequeno traço de excitação quântica sob a forma de ondulação, de uma ruga na superfície deste oceano de energia cósmica. É este pano-de-fundo energético escondido que gera as projeções tridimensionais que constituem o mundo dos fenômenos que percebemos na nossa vida de todos os dias... Seja qual for o acontecimento, objeto ou entidade observável e descritível, qualquer que seja, é extraído de um fluxo, ou indefinível ou desconhecido.

Podemos imaginar um rio subterrâneo, ou ainda uma torrente de lava na superfície da qual observamos bolhas, redemoinhos, talvez umas torres ou construções efêmeras que só nos parecem estáveis porque a nossa duração é ainda mais breve do que a delas. Para usar uma linguagem figurada, a teoria da relatividade diria respeito à geometria curvilínea das vagas, e a mecânica quântica, às gotículas dissociadas, pois é ela justamente o que lhes permite associar-se. Mas a realidade seria essa imensa energia em movimento, de que o nosso mundo visível não passaria de uma expressão colorida.

David Bohm mergulha corajosamente nesse abismo, volta à superfície para respirar, e encontra-se face a face com a Esfinge que devora um após outro todos os aventureiros do conhecimento: "Qual é", pergunta ele, "esta espécie de faculdade que o homem tem de separar-se de si mesmo e do seu meio?"; o que é, pois, a nossa inteligência, "ato de percepção incondicionado cujo fundamento não se pode encontrar em estruturas tais como células, moléculas, átomos ou partículas elementares"? Em suma, como podemos saber que semelhante ato de percepção incondicionado é possível?

"Vasta questão", exclama Bohm, "que não pode ser tratada aqui de maneira completa". Foi e é estudada em outro lugar. Nas primeiras

---
1 David Bohm, *La plenitude de runivers*, ed. por Du Rocher.

páginas da Bíblia. O homem é imagem de Deus, certamente um pouco murcha, muitas vezes opaca; mas foi do seu Criador que a inteligência recebeu o poder de sair de si mesma e de sair do mundo para julgá-lo.

A pergunta de David Bohm sobre essa impressionante liberdade da inteligência abre-nos uma nova via de comprovação. Dizemos, por vezes, que Deus se esconde. Mas o espírito que se interroga sobre si mesmo vislumbra-o, a natureza denuncia-o em silêncio, e ele deixou por toda a parte as suas impressões digitais.

Antigamente, à criança que perguntava: "Por que os pássaros têm asas?", ou: "Por que isto ou aquilo é assim?", respondíamos-lhe: "Porque Deus o quis". Esta resposta das eras do obscurantismo provocou, por muito tempo, a hilaridade dos "sábios" do racionalismo anti-religioso. A pergunta era absurda e exigia uma única resposta verdadeiramente científica: "As coisas são assim porque são assim".

Depois, a ciência fez incríveis progressos em todas as disciplinas, e em breve terá poderes exorbitantes sobre as coisas. Mas a maior das suas descobertas não foi ainda objeto de nenhum prêmio. A ciência percebeu, recentemente, que jamais explicaria a matéria pela matéria. No limite máximo das suas investigações, nada mais descobre do que uma impalpável poeira de ser dotada de um comportamento imprevisível, e mesmo assim essa desordem original produziu ao nosso redor uma ordem de singular cumplicidade com as matemáticas. Nos trabalhos mais avançados dos físicos e astrofísicos, vemos distintamente como Deus, trazido de volta do seu exílio, passa pouco a pouco à condição de hipótese. A promoção é interessante, e é a vez de a fé sorrir...

Deus é da esquerda ou da direita?

*E*is uma pergunta que poderíamos chamar recreativa. Poderíamos situar Deus na direita, na medida em que nos impõe mandamentos que não foram objeto de nenhuma consulta prévia, mas poderíamos igualmente imaginá-lo na esquerda, uma vez que perdoa as nossas infrações, o que a direita sempre tem dificuldade em fazer. Seria indelicado considerá-lo "centrista" sob pretexto de que, segundo Pascal, o universo é um círculo cujo centro está em toda a parte e a circunferência em nenhum lugar. Para resolver a questão, seria necessário estabelecer uma distinção nítida entre a esquerda e a direita. Ora, desde a morte das ideologias, que expiraram sob os nossos olhos, a diferença entre os dois partidos prende-se apenas a uns matizes verbais.

No entanto, existem sempre "homens de esquerda" e "homens de direita" que em nada se assemelham, mesmo quando praticam a mesma política.

Poderíamos fazer remontar a questão até o pecado original, e dizer que o homem de esquerda não acredita nele, enquanto o de direita acredita de tal forma nele que lhe custa aceitar a Redenção. É mais simples, porém, afirmar que o homem de esquerda julga proceder segundo o seu coração, o homem de direita segundo a sua razão, e que ambos se enganam. Quanto a Deus, não o vemos à vontade nem num nem noutro partido, e bem podemos perguntar-nos se não terá sido ele quem inspirou esta sentença decisiva à nossa Simone Weil, cujo gênio começa onde termina o de Pascal: "É preciso estar sempre pronto a mudar de campo com a justiça, essa perpétua fugitiva do campo dos vencedores".

Por que Deus não se mostra?

Convenhamos: seria muito mais simples! Quantos erros, faltas, crimes e abjeções seriam evitados, se o Bem supremo estivesse presente entre nós e fosse visível aos nossos olhos!

Apresentam-nos, geralmente, três motivos para essa ausência de Deus que nos deixa errantes e inseguros: o primeiro é que a sua presença nos tiraria toda a liberdade de juízo e, de certo modo, substituiria o determinismo da natureza pelo determinismo divino, quando o que ele quis foi que fôssemos seres livres; o segundo é que, vendo-o, perderíamos os imensos benefícios da fé e os méritos que lhe são inerentes; e o terceiro, por fim, que a natureza de Deus é tão diferente da nossa — ele é infinito, e nós não; ele é eterno, o que também não somos; ele é espírito, enquanto nós estamos feitos de matéria sujeita à decomposição — que é impossível fazê-lo caber no campo excessivamente reduzido das nossas faculdades. Acrescenta-se, por vezes, a essas razões uma quarta, extraída das Escrituras, segundo a qual ninguém poderia ver a Deus sem morrer.

Estes motivos são, porém, contestáveis, e podemos objetar, passando do último ao primeiro: nada impediria que Deus, se é todo-poderoso, nos desse os meios de captar a sua presença matizando a sua luz; por outro lado, a fé é sem dúvida uma bela coisa, mas os anjos, que se encontram *diante de Deus e portanto não têm de fazer nenhum ato de fé, não são por isso menos amados do que nós; enfim, não se conhece nenhum ser humano que não esteja disposto a trocar a sua liberdade por uma garantia de felicidade eterna.*

No entanto, é evidente que a presença visível de Deus produziria um mundo totalmente diferente, e o que nós temos de compreender é este nosso mundo.

O ocultamento de Deus é, sem dúvida, a condição da nossa liberdade de consciência, sem a qual não passaríamos de um brinquedo mecânico desprovido da menor aptidão para o diálogo.

É verdade também que esse ocultamento permite a eclosão da fé, que é o que Deus mais admira em nós. É verdade ainda que os nossos sentidos não nos fornecem senão uma pequenina parte do real: se todas as frequências eletromagnéticas do universo fossem registradas numa faixa de um quilômetro de extensão, não poderíamos "ler" senão um pedaço de três milímetros; nestas condições, não temos a menor possibilidade de captar o que se poderia chamar "a frequência zero" da Luz incriada.

Enfim, é verdade, e está conforme com a Escritura, que *ninguém pode ver a Deus sem morrer*, porque essa visão exigiria uma tal ampliação das nossas faculdades que equivaleria a uma metamorfose.

Mas podemos propor ainda uma outra explicação para a discrição de Deus, uma explicação extraída da experiência e que apela somente para a caridade. Esta experiência, todos os místicos a vivem ou viveram um dia. "Vós sois aquele que é tudo", exclama Catarina de Sena, "eu sou aquela que é nada". E não se tratava de um ato de humildade, mas de uma simples constatação da evidência. A deslumbrante luz espiritual que envolve Deus revela a presença invisível de uma inocência tão grande que, diante dela, cada um se condena a si próprio, e neste juízo os melhores são também os mais severos; é isto o que, na sua bondade, Deus não quer.

POR QUE DEUS NÃO SE MOSTRA?

Muitos, influenciados pelo austero pensamento jansenista, imaginam Deus como juiz e temem comparecer diante do seu tribunal. E é verdade que, diante da indizível pureza de Deus, seremos levados a nos condenarmos a nós próprios, envergonhados, não por termos ofendido uma Onipotência, mas por termos ferido uma criança. Mas teremos um advogado — e será o próprio Deus — que assumirá a nossa defesa, contra nós mesmos.

O grande drama da espécie humana é não compreender nada acerca do amor, e fixar-lhe limites que só existem dentro do nosso próprio coração.

O relato da Criação, na Bíblia, é um poema?

Sem dúvida alguma, segundo nos dizem, a Bíblia abre com dois relatos da Criação diversos, compostos em datas diferentes; o primeiro, na ordem em que se apresentam ao leitor, foi composto por volta de 550 antes de Jesus Cristo, e o segundo, quatro séculos antes; ambos passam hoje por "lendários". São textos sem pretensão histórica ou científica. Segundo alguns enciclopedistas religiosos, a dupla evocação bíblica da Criação do mundo é "um relato de uma poesia ingênua, sem outra preocupação que a de propor, por meio de imagens concretas, uma resposta às questões fundamentais", como: "De onde vêm o homem e os males que o oprimem?" etc. Trata-se, pois, de um poema, de uma fábula instrutiva que deixa o campo livre para concepções menos ingênuas sobre a origem e o destino dos seres humanos.

No entanto, a Bíblia é um livro inspirado. E se ela o é, a poesia pode somente acrescentar a sua veracidade, sem diminuí-la em nada.

Em determinados modos de falar sobre a poesia, encontramos ainda os traços de um antigo desprezo, por assim dizer "industriar", pelas atividades supostamente improdutivas e incontroláveis do espírito.

Basta, no entanto, saber ou simplesmente lembrar-se de que a palavra "poema" deriva de um verbo grego que significa "fazer", para compreender que a poesia é exatamente a linguagem que convém à Criação inteira, toda ela um imenso poema inacabado ao qual cada um de nós é chamado a acrescentar uma linha, uma palavra, uma sílaba ou uma letra. Podemos mesmo dizer que não existe absolutamente nenhum outro modo de expressão que seja tão apropriado para descrever a obra de Deus.

Em vez de nos envaidecermos de uma ciência que não possuímos, uma vez que todo o nosso saber é incapaz de responder às "perguntas fundamentais" que levantamos desde o início do mundo, deveríamos agradecer a Deus por nos falar nesta linguagem da poesia, a única que, graças à suprema caridade divina, é ao mesmo tempo adequada às nossas fracas forças e aos desejos mais elevados do nosso espírito.

Como ler a Bíblia?

Não convém abeirarmo-nos da Bíblia sem alguma preparação, sem bons guias e um mínimo de cultura histórica. De Ernest Renan para cá, a crítica histórica vem realizando progressos consideráveis que tornam a leitura daquilo que antigamente se chamava "o texto sagrado" muito aleatória para o principiante, na medida em que as incessantes correções, retificações, aprofundamentos e variações de sentido minam o terreno sob os seus passos. A maioria dos especialistas religiosos consideram hoje a Bíblia uma obra "inspirada", o que se pode dizer de qualquer poema de valor excepcional. É um livro entre muitos outros, mesmo que todos concordem em reconhecer que contém um pensamento religioso original e ensinamentos espirituais e morais preciosos. Mas já não se crê, como em outros tempos, que tenha sido escrito "sob o ditado" de Deus. Abandonou-se o estudo do sentido literal a um punhado de judeus ortodoxos, em benefício de diversas leituras (simbólica, alegórica, sociológica, psicanalítica, estruturalista etc.) que implicam toda uma análise crítica.

No entanto, para Ernest Renan, "a essência da crítica histórica é a negação do sobrenatural", e a negação *a priori* não é uma atitude científica. Além do mais, a crítica histórica não data de Renan, mas de Spinoza. Enfim, se a Bíblia é um livro como os outros, é inexplicável que se persista em incensá-lo antes de iniciar a sua leitura nas missas solenes, e que se continue a cercá-la de um cerimonial que não se costuma usar, por exemplo, nas bibliotecas públicas.

Não saberia dizer como "se deve" ler a Bíblia, mas, quanto a mim, posso dizer como eu a leio.

Que a Bíblia seja um livro "inspirado" ou "ditado" é, a meus olhos, uma só coisa, pois a origem da inspiração ou a do ditado é a mesma. Ora, desde a minha conversão, estou convencido de que não existe nenhuma diferença entre o que Deus *é* e o que Deus *diz*. Ele *é* na sua palavra. A Sagrada Escritura constitui, portanto, como que uma primeira versão da Eucaristia. Basta observar a atitude dos judeus ortodoxos diante do Livro: inclinam-se sobre ele até tocá-lo com a fronte, absorvem o versículo e deitam a cabeça para trás como que para engoli-lo, como passarinhos bicando o seu grão.

A Sagrada Escritura é um alimento; comemo-la, mais do que a lemos. O que deve ser procurado entre as suas palavras, que são as cascas do divino, é uma forma da presença de Deus, tão misteriosa como a da hóstia. Se eu não temesse induzir alguém em erro, chegaria mesmo a dizer que a Bíblia é o único livro em que as palavras não têm nenhuma importância: são janelas abertas para a luz, e a sua forma conta pouco. Se me alegam que os textos certamente mudaram ao longo dos tempos antigos, e que a crítica corrigiu mais de um, responderia tranquilamente que isso não tem grande interesse, salvo para os especialistas, os pesquisadores, os curiosos ou, como dizia Léon Bloy, os "catadores de joaninhas". Tomo a Bíblia tal como a Igreja ma entrega, com ou sem os retoques dos exegetas: Deus é capaz de ensinar sem palavras, ou com quaisquer palavras. É a sua presença e o som da sua palavra que busco, de acordo com a palavra de Cristo que diz: "As minhas ovelhas reconhecem a minha voz", e não "as minhas ovelhas reconhecem o meu pensamento". A Bíblia é, para mim, o instrumento dessa melodia.

Mas repito: esta é a minha maneira de ler a Bíblia. Não digo que seja a melhor, e todos têm o direito de escolher outros métodos mais eruditos, mas receio que estes, revolvendo constantemente os textos, acabem por confundir as frequências e por tornar inaudível essa voz que não é semelhante a nenhuma outra.

Pode-se crer em milagres?

*A*s objeções são inúmeras. Não pretendemos referir-nos aos "milagres" trazidos à luz pelo Antigo Testamento, como a travessia do Mar Vermelho pelos hebreus: na falta de manuscritos originais, ignoramos a maneira como estes relatavam os fatos que, de cópia em cópia, talvez tenham sido modificados ao longo dos tempos. Os Evangelhos estão mais próximos de nós e, apesar de também não possuirmos os textos originais, temos motivos suficientes para afirmar que não foram alterados depois da sua redação. Ora, os milagres do Evangelho podem ser classificados em três grandes categorias: as curas (os paralíticos, os surdos-mudos, os "possessos"), às quais se podem acrescentar as reanimações (a filha de Jairo, o filho da viúva de Naim, e a mais célebre, a "ressurreição" de Lázaro); as anomalias, tais como a caminhada sobre as águas do lago de Tiberíades ou a multiplicação dos pães; e os fenômenos sobrenaturais, como a Anunciação, a Ascensão, o Pentecostes, as aparições de Jesus após a Páscoa.

Os progressos da medicina, principalmente no campo da neurologia e da medicina psicossomática, permitem dar uma explicação natural para os milagres de cura; aliás, quase todas as enfermidades apresentam períodos de melhora: os miraculados do Evangelho talvez tivessem sido beneficiados por eles, além de ignorarmos se sofreram recaídas ou não.

Quanto às reanimações, basta observar que, na época, se comprovava o falecimento por aparências que, como sabemos hoje, podem ser enganosas. Nos tempos antigos, o número de sepultados vivos deve ter sido enorme. Certamente terá sido este o caso de Lázaro, cujo despertar de um coma prolongado pode ter coincidido com o retorno de Jesus a Betânia.

As anomalias resultaram provavelmente de miragens, de ilusões de ótica (o caminhar sobre as águas) ou de um reabastecimento discreto por algumas pessoas de boa vontade (a multiplicação dos pães).

Quanto aos fenômenos sobrenaturais, muito verossimilmente são maneiras figurativas de explicar, aos espíritos simples, realidades muito difíceis de compreender: a Anunciação, por exemplo, equivaleria a uma tomada de consciência de uma jovem piedosa quanto à sua missão; a Ascensão, a um modo de ilustrar a preeminência de Cristo sobre todas as coisas; o Pentecostes, a um momento de entusiasmo coletivo dos apóstolos, que compreendem subitamente, graças a uma troca de ideias prolongada no local onde se haviam recolhido, a qualidade excepcional da sua mensagem. As aparições de Cristo após a sua Ressurreição derivam simplesmente de alucinações.

Além do mais, não se concebe que Deus transgrida as leis naturais que ele próprio fixou: seria um mau exemplo para as suas criaturas.

Finalmente, os milagres, forçando-nos a crer, privariam as nossas almas do mérito da fé e portanto iriam contra a religião, ao invés de apoiá-la. É preferível libertar o Evangelho de todas essas contribuições mitológicas.

No entanto, "para Deus, nada é impossível", diz Cristo.

A razão ateia ou, por assim dizer, em estado bruto, nada tem a opor aos milagres. Só poderá dizer que não crê neles, e que há outros que neles creem. Para sustentarmos que constituem uma violação inadmissível das leis da natureza, seria necessário que conhecêssemos integralmente essas leis, o que está longe de ser verdade. No máximo, a razão em estado bruto poderia sustentar que Cristo, para curar, acionou recursos da natureza ignorados no seu tempo; mas isso ainda seria uma homenagem, e o ateísmo não faz nenhuma questão de prestá-la.

Eliminaram-se os milagres do Antigo Testamento, e de modo especial o mais espetacular de todos, a travessia do Mar Vermelho pelos hebreus; aprendemos no Livro do Êxodo que estes, fugindo dos egípcios, teriam visto o mar abrir-se diante deles para lhes dar passagem e fechar-se sobre o exército dos seus perseguidores. O racionalismo, que não questiona a exatidão material da narrativa, explica o prodígio como efeito de uma violenta rajada de vento que teria separado o mar em dois por cima de uma crista de bancos de areia ignorados. O vento ter-se-ia acalmado bruscamente depois da passagem do último hebreu, e em consequência as muralhas líquidas do mar teriam voltado a juntar-se, tragando os soldados do Faraó. Pelo que sabemos, é a única rajada de vento filo-semita e antimilitarista da história: há explicações naturais ainda mais milagrosas do que os próprios milagres...

Tomando em consideração somente a ordem material, e esquecendo a ordem espiritual, alega-se que Deus, ao realizar um milagre, iria contra a ordem natural que ele mesmo fixou e que isso não pode acontecer.

É, no entanto, o que ele faz cada vez que perdoa, rompendo o encadeamento de consequências do pecado numa alma sincera. O perdão é um milagre permanente, muito mais extraordinário do que qualquer outro prodígio físico.

Os milagres não prejudicam a fé, como muitos pretendem: ao contrário, fazem-na entrar numa ordem de exigências mais elevada. Desta forma, os apóstolos, que assistiram às duas *anomalias* que citamos — a caminhada sobre as águas e a multiplicação dos pães —, parecem ter compreendido mal (à exceção de João) essa prova de fé que a crucifixão do Messias constituiu.

É verdade que muitos daqueles que hoje se preocupam de ensinar-nos a ler o Evangelho, receosos de passar por espíritos simplistas aos olhos do materialismo contemporâneo, desenvolvem esforços de uma engenhosidade muitas vezes notável para racionalizar a fé, eliminando os *fenómenos sobrenaturais* acima mencionados e propondo para eles interpretações figuradas, simbólicas ou alegóricas. Há três observações a fazer a este respeito.

A primeira é que, desde as origens, todos os grandes espíritos nascidos da fé cristã aceitaram os relatos da Anunciação, da Ascensão ou do Pentecostes ao pé da letra, sem que nenhum deles jamais se entregasse a essa espécie de autópsia ou de esquartejamento que consiste em despojar o milagre da sua carne, para dele só conservar o espírito.

A segunda é que nenhum dos novos peritos na Sagrada Escritura jamais teve uma dessas experiências místicas em que o impossível por vezes acontece. Nunca viram um anjo nem encontraram um corpo glorioso, e duvidam de que esta boa sorte possa ter acontecido a quem quer que seja, acabando por assemelhar-se a pessoas que se recusariam a acreditar que Armstrong chegou à lua pela simples razão de não terem ido com ele.

A terceira é que realmente de pouco adianta esquivar-se à Ascensão ou ao Pentecostes, quando se admite a Encarnação, prodígio infinitamente mais espantoso que todos os outros. A isso se chama coar um mosquito e engolir um camelo.

O maior milagre do Evangelho é o próprio Evangelho.

No Novo Testamento, as circunstâncias dos milagres são quase mais interessantes do que os próprios milagres, que deixam de ser surpreendentes se o nosso pensamento não exclui Deus da sua Criação. Cada um deles contém uma lição, e é esta lição que importa. Daremos três exemplos.

Quando Cristo cura um doente e explica aos circunstantes que essa enfermidade não é, naquele homem, consequência do seu pecado ou do pecado dos seus pais, está derrubando um preconceito tenaz da antiga mentalidade judaica, que vinculava o sofrimento a uma culpa; aliás, esta é uma das numerosas concepções revolucionárias do Evangelho.

Quando o centurião pede a Jesus que salve o seu servo, é a fé do centurião ("Senhor, eu não sou digno de que entreis em minha morada, mas dizei uma só palavra e o meu servo será curado") que é admirável, mais ainda que o milagre que se segue e do qual se pode ousar dizer, respeitosamente, que é "de rotina evangélica".

Enfim, na ressurreição de Lázaro, o aspecto verdadeiramente extraordinário é a oração que precede o evento, essa oração em que Cristo pede a Deus aquilo que ele podia perfeitamente fazer por si próprio, isto é, o retorno de Lázaro para o meio dos vivos; é um lampejo fugidio que ilumina o próprio mistério da Santíssima Trindade, na qual tudo é caridade, tanto naquele que dá como naquele que pergunta em que momento poderá receber. Voltaremos a este ponto.

Portanto, o milagre é sem dúvida um sinal, mas também e principalmente uma lição: reconhece-se a autenticidade de um milagre pela amplitude do ensinamento que encerra.

Por fim, o milagre não pertence ao domínio do irracional, mas da razão aberta para o espiritual.

De que adianta crer?

Do ponto de vista moral, muitos incrédulos igualam ou superam os fiéis no que diz respeito à bondade, à dedicação aos outros, à probidade ou até mesmo à prática das virtudes sociais e familiares. Se houve progressos no âmbito social, é aos revolucionários ateus que os devemos, e não aos cristãos, por demasiado tempo propensos a deixar a justiça a cargo de um mundo melhor. Se hoje os fiéis prestam mais atenção aos direitos dos pobres, é precisamente porque creem um pouco menos no Paraíso, e um pouco mais neste mundo em que vivem, e na medida em que o fazem.

Do ponto de vista intelectual, a diferença é pequena entre aquele que crê, mas que duvida a maior parte do tempo, e aquele que não crê, mas se interroga incessantemente. Afinal, ambos estão buscando, e crer, ou crer que se crê, apenas simplifica arbitrariamente o problema, que consiste em saber "por que existe o ser ao invés do nada"; na verdade, temos mais possibilidades de resolvê-lo quando não cremos do que quando lhe apresentamos as respostas prontas da fé. No que se refere ao destino de cada um, o cristão não está mais bem informado do que o incrédulo, pois os artigos de fé não são provas. Portanto, de nada adianta crer.

No entanto, "o insensato diz no seu coração: não há Deus", lemos na Sagrada Escritura.

Tudo o que se acaba de dizer sobre a moral e a vida, intelectual ou social, pode ser invocado a favor da religião. A moral privada do ambiente revolucionário ateu em que fui educado era a mesma dos católicos que moravam do outro lado da rua. Tinha a mesma origem judaico-cristã e, se ignorava deliberadamente o primeiro dos Dez Mandamentos, praticava os outros sem mesmo reparar nisso.

No plano social, os fiéis efetivamente davam provas de uma resignação excessiva, devida ao pessimismo que os séculos de um jansenismo subterrâneo havia gerado neles; essa corrente situava-os constantemente à beira da condenação e enlutava permanentemente as suas igrejas e as suas ideias. Situação penosa, a que o despotismo clerical reinante não acrescentava nenhuma atenuante. Poderíamos resumir a psicologia desses cristãos dizendo que eles talvez amassem o seu próximo como a si mesmos, mas não mais. Mas acontece que era justamente o amor ao próximo — outro valor judaico-cristão — que impelia a esquerda em direção à justiça.

O ateísmo sistemático produziu resultados catastróficos, e é impossível enumerar as suas vítimas. Vimos surgir em pleno século XX dois monstros de uma espécie ainda desconhecida, dois dragões totalitários que se encararam durante algum tempo com os olhos vazios de qualquer sentimento, antes de se lançarem um contra o outro. O dragão hitleriano extinguiu-se num charco de gasolina incendiada, no subterrâneo de Berlim em que se havia entrincheirado com o seu ódio e os seus sonhos. O dragão stalinista sobreviveu-lhe dez anos, e se o sistema apresenta hoje sinais de lassidão, se percebemos fissuras na sua carapaça, não deixou de esmagar durante dezenas de anos incontáveis populações sob as suas escamas de ferro, e de gerar um dragão chinês que acaba de lançar novamente o terror e a mentira sobre Pequim.

E — espetáculo consternador — os nossos intelectuais de maior renome inclinaram-se sobre uma ou outra dessas bestas apocalípticas, mas, demasiado ocupados em discursar nas nuvens, deixaram de ouvir os gemidos que subiam da Terra. O Ocidente escapou dos horrores da ideologia encarnada graças à sua antiquíssima cultura cristã, que obrigou o ateísmo a tomar a forma tolerável do laicismo, preservando-o ao mesmo tempo do "espírito de sistema": o laicismo teve entre nós os seus acessos de fanatismo anticlerical, mas nunca fechou as igrejas; é um dos casos em que a fé salva a razão do seu declive natural, que na política a arrasta para o absolutismo.

Com exceção de Karl Marx, titular de um pensamento firme — como o mundo bem sabe desde há uns setenta anos —, o ateísmo filosófico nunca passou de um episódio entre filósofos de segunda categoria dos séculos XVIII e XIX, e com eles desapareceu. O ser humano, entregue ao ateísmo materialista ou à insolente domesticidade do bezerro de ouro, abandonado à própria sorte por pensadores que só pensam em si mesmos, está cada vez mais só com os aparelhos automáticos que constituem a sua companhia habitual nas estações de trem, no metrô, nos estacionamentos, nos bares e cafés, e que não descerram os seus dentes metálicos a não ser para lhe mostrar a língua sob a forma de um bilhete, ou para engolir o que lhes é apresentado, que erguem os seus braços articulados para lhe dar passagem, entregam-lhe o café, o chocolate, o sanduíche envolvido em celofane, e até lhe passam o troco, não vá ele dirigir-se a um empregado vivo.

De que adianta crer? Vemos muito bem de que adianta não crer: serve para nos tornarmos sós nesta Terra, que é o menos permanente de todos os domicílios, e para não ouvir, em resposta às perguntas que o coração formula, nenhuma outra voz que não a sua.

Como crer?

A fé é um dom, uma graça, um favor que ninguém poderia obter pelos seus próprios meios. Muitas pessoas de boa vontade desejariam crer, mas não conseguem, e queixam-se da inutilidade dos seus esforços. Como a sua sinceridade não deixa margem a dúvidas, e como são tão sensatos quanto aqueles que creem, será preciso concluir que a fé se recebe ou se deixa de receber sem que se possa fazer o que quer que seja para obtê-la.

No entanto, está escrito: "Pedi e dar-se-vos-á, batei e abrir-se-vos-á".

Há alguns que sabem perfeitamente onde está a porta, e sabem também que lhes será aberta, mas abstêm-se de nela bater, receosos de serem levados a mudar de vida e a romper com os seus hábitos. Mesmo assim, ainda há muitos que a procuram e se queixam de não a encontrar. Aquele que a achou sem procurar tem pouca autoridade para dar-lhes conselhos, mas pode transmitir-lhes o que a experiência lhe ensinou.

Quando fui convertido de surpresa, tive ocasião de verificar com alegria a esplêndida exatidão desta palavra do Evangelho: "Se não vos tornardes semelhantes às crianças, não entrareis no reino dos

Céus". A bem dizer, o processo para mim deu-se às avessas: entrei no reino dos Céus, por uma benevolência inesperada, antes de me tornar criança; mas é um fato que, se eu tinha vinte anos ao entrar na capela da Rua Ulm, tinha cinco ao sair de lá; que o mundo se tornou um belo jardim recém-criado, onde tive permissão para brincar durante algum tempo (oito anos mais tarde, a Gestapo apitaria o fim do recreio).

Contrariamente ao que parecem pensar aqueles que nos exortam a compor para nós mesmos uma "fé adulta" — e por que não uma fé enrugada, ou de longas barbas, uma fé acomodada à espera da fé aposentada? —, o espírito de infância não consiste em fingir-nos crianças, em afetar inocência, em voltar à mamadeira para representar o papel de adultos infantilizados. É tudo muito mais simples e muito mais difícil do que isso. É reencontrar a limpidez do olhar, é esquecer o que pensávamos saber, é encarar as pessoas e as coisas como se as víssemos pela primeira vez: esse olhar por assim dizer virginal, que é o da criança, é também o do pintor ou do contemplativo. "Não se admirar de nada", dizia o velho Horácio. Pelo contrário, admirar-se de tudo, e especialmente de existir, é uma das chaves do encontro com Deus. Lord Beaverbrook, magnata da imprensa, mandou afixar em todas as salas de redação do seu jornal o seguinte cartaz: "O mundo começou esta manhã, e vocês não sabem que Elizabeth é rainha da Inglaterra".

É assim que devemos olhar para o mundo, se quisermos surpreender a verdade que ele esconde dos seus frequentadores. Pois o hábito, que mata o mistério, esse é o inimigo. A criança ainda não é vítima dele. Todas as coisas desabam sobre ela com todo o fulgor da novidade, como outras tantas surpresas dotadas de poderes mágicos. "Se não vos tornardes como as crianças", não somente não entrareis no reino dos Céus, como não haverá sequer um reino dos Céus para os vossos olhos entediados, aos quais o tempo e a rotina que o acompanha terão feito pensar que já viram tudo aquilo que, na realidade, nunca chegaram a olhar.

COMO CRER?

Suponhamos que o tempo, criador dessa rotina, mudasse de ritmo, e que tudo aquilo que exige meses, anos ou séculos, se passasse em torno de nós num instante, que as árvores se desenvolvessem e as flores desabrochassem em alguns segundos, que toda a natureza surgisse repentinamente diante de nós na sua múltipla profusão: ela nos pareceria, então, um imenso ramalhete, e como por instinto procuraríamos, entre as folhas, o cartão de visitas do generoso doador.

Maria?

Passou o tempo dos exageros da mariolatria, que muitas vezes quase chegavam à adoração indevida, e que se exprimiam na recitação mecânica de um terço desprovido de qualquer conteúdo espiritual já bem antes da décima conta, e na veneração dessas imagens piedosas cuja reputação de mediocridade é demasiado bem conhecida. Houve mesmo quem chegasse a propor a promulgação de um dogma de "Maria Medianeira", projeto que levantou em muitas Igrejas objeções perigosas para o futuro do ecumenismo, e que grandes escritores católicos foram os primeiros a rejeitar.

Hoje cita-se com menos frequência o nome de Maria nos ofícios, evita-se toda a exaltação imoderada da sua pessoa, e este comedimento felizmente pôs termo a inúmeras especulações temerárias sobre o "nascimento virginal de Cristo", a "Anunciação" e outros vãos assuntos, somente aptos para provocar discórdias teológicas num mundo atenazado por preocupações infinitamente mais concretas. Maria foi santa, sem dúvida alguma, mas era antes de mais nada uma mulher como todas as outras, e não esse ser sobrenatural que a dissimulada misoginia da Igreja vem propondo às mulheres como modelo, sabendo perfeitamente que é inacessível à imitação, como bem o demonstraram a psicologia moderna e a psicanálise.

No entanto, a Virgem Maria exclama no *Magnificat*: "Eis que me chamarão 'bem-aventurada' todas as gerações", e é exatamente o que elas fizeram e o que farão até o fim dos tempos.

A devoção mariana é um precioso indicador da inclinação pessoal para a doçura e a humildade, e ao mesmo tempo um sinal indubitável da benevolência divina que, sem dúvida, se estende a todos os seres humanos, mas que nela se fez particularmente visível.

Inversamente, a animosidade contra a piedade mariana é um sinal decisivo de falta de compreensão do espiritual.

Respondamos às objeções:

1. A devoção a Maria, que alguns julgam desconsiderar qualificando-a de "mariolatria", não é resultado de uma religiosidade ingênua ou débil; ocupava um lugar considerável na espiritualidade de um Maximiliano Kolbe, que ofereceu a sua vida em troca da de outra pessoa em Auschwitz, e é muitas vezes exaltada por João Paulo II, que não é nem um fraco nem um sentimental amedrontado.

2. As contas do terço são as sementes de trigo de uma messe que cresce em outro lugar. Esta oração insistente aproxima-se da linguagem repetitiva do louvor, tão cara aos místicos. Além disso, há um meio muito simples de impedir que se transforme numa prática mecânica: se dedicarmos a primeira conta a uma pessoa, logo se apresentará outra ao nosso espírito, depois dez, depois vinte, e o terço nos parecerá, não longo demais, mas excessivamente curto, e nos teremos apercebido de que o próximo tem muita necessidade da nossa oração.

3. Se as imagens piedosas nem sempre são bem conseguidas, o mesmo acontece com as fotografias de família que guardamos nos nossos álbuns. Os críticos de arte zombam delas, mas não enxergam a beleza secreta dos sentimentos que o coração nelas colocou. Divirto-me às vezes a imaginar que Deus, bem-humorado, reserva para os críticos um céu repleto desses objetos de piedade, que certamente hão de parecer deliciosos à sua infância reencontrada.

4. Todas as mulheres são medianeiras por natureza, e seria estranho que a Virgem Maria fosse a única a não o ser.

5. É perfeitamente legítimo sustentar que Maria é, "antes de mais nada, uma mulher como as outras", desde que se acrescente o que nenhuma outra jamais nos disse: "Eu sou a Imaculada Conceição".

6. Não há mais misoginia inconfessada em celebrar Maria como o maior dos seres criados do que misantropia retorcida em convidar-nos a seguir Jesus Cristo. Um grande médico, já não recordo quem, disse um dia que a psicanálise era uma doença que se considerava a si própria como remédio. A tese da exaltação misógina de uma mulher confirma esse diagnóstico.

7. A Anunciação, o nascimento virginal de Jesus Cristo etc., não são matéria de especulações estéreis, mas mistérios que esclarecem todo o seguimento do Evangelho. Apaguemos essas luzes, e o Evangelho não passará de uma antologia de máximas e de promessas vãs.

Na verdade, pela sua aquiescência ao Ser, a Virgem Maria é um símbolo incandescente da inteligência. Ela foi a única, junto com Deus, a pronunciar esse "Fiat" que, por duas vezes, fez nascer a luz.

Será preciso rezar?

Não parece indispensável. Segundo a fé, Deus conhece os nossos desejos e necessidades muito melhor do que nós mesmos os conhecemos. Pode muito bem dispensar as nossas sugestões. Quanto às nossas aflições, ou pertencem à ordem da natureza, e a oração nada pode mudar, ou então Deus só as permite porque tem em vista um bem maior, e é mais sábio aceitá-las sem nos queixarmos. Em suma, dirigir-se a um ser que até ignoramos se realmente existe é lançar uma garrafa ao mar, sempre duvidando de que alguém a encontre e recolha. Portanto, a oração é inútil em todos os casos.

No entanto, Cristo diz-nos: "Vigiai e orai".

Os argumentos citados não levam em conta para nada a relação de caridade que é, em Deus e em torno de Deus, o princípio de unidade de todas as coisas — e que inclui a dúvida, com as suas inquietações e os seus sofrimentos.

A oração dirige-se ao amor, e o amor retorna com ela a um coração desobstruído de si próprio.

A oração pode assumir diversas formas. A mais elevada é a oração de louvor, suprema atividade do espírito, razão de ser das religiosas e dos religiosos contemplativos. Não lhes está reservada, porém, unicamente a eles; é uma questão de capacidade de admiração, da qual os humildes em geral estão bem providos.

A oração de petição tem má reputação, especialmente entre os avaros. É considerada demasiado interesseira para ser válida e, no entanto, a parábola do filho pródigo incita-nos com uma ternura encantadora a praticá-la. É justamente porque está com fome e porque sente frio, é justamente porque não lhe sobrou um só vintém e já não suporta guardar os porcos com os quais nem sequer lhe é permitido compartilhar a ração, enfim, é justamente por pensar com nostalgia nos servos bem alimentados da casa paterna que ele põe fim àquela desastrosa escapada e volta para junto de seu pai. Este, mal o percebe à distância, corre a apertá-lo nos braços, perdoa tudo, manda abater o novilho gordo e regozija-se com todo o tipo de demonstrações de alegria diante de um retorno pouco motivado pelo remorso e muito pela necessidade. Cristo procura fazer-nos compreender assim que o amor de Deus é tão grande que acolhe com alegria todos os que se aproximam dele, mesmo que seja por interesse: não há limites para a bondade divina, e é o que os fiéis, mesmo os mais sinceros, têm grande dificuldade em conceber.

Mas a mais significativa de todas as orações é, aos meus olhos, a de Jesus diante do túmulo de Lázaro, o irmão de Marta e Maria. De volta a Betânia, depois de alguns dias passados na outra margem do Jordão, Jesus toma conhecimento da morte de Lázaro e chora, pormenor digno de salientar-se para aqueles que consideram a fé um anestésico. As duas irmãs censuram-lhe chorosas a sua ausência, convencidas de que o seu irmão ainda viveria se Jesus tivesse estado presente. Acompanham-no em seguida ao túmulo, uma gruta coberta com uma grande pedra. Jesus diz: "Retirai a pedra". Empurram-na, pois, para o lado.

Então, diz o Evangelho, Jesus ergueu os olhos ao céu e disse: "Pai, dou-te graças porque me tens ouvido. Eu sei que sempre me ouves, mas digo isto por causa da multidão, para que creiam que me enviaste". Depois, exclamou: "Lázaro! Vem para fora!". E o morto saiu do sepulcro.

 O que queria destacar agora, neste célebre episódio, é a oração muda e a ação de graças pública que precederam a ressurreição de Lázaro. Não teria Jesus o poder de realizar o milagre sozinho? Sim, tinha esse poder, mas não o exerceu. A economia divina não é a nossa; baseia-se no déficit absoluto e permanente do amor, que exige que se peça tudo ao outro, o qual por sua vez só quer dar tudo. A oração estabelece esta relação de caridade entre a alma e Deus, de tal maneira que podemos dizer, sem nenhum paradoxo, que rezar é dar ouvidos a Deus.

Que se pode dizer sobre o amor?

No *Capital*, geralmente considerado um livro de enfadonha austeridade, mas que no entanto está repleto de observações espirituosas, Karl Marx escreve que dois fatores tiveram, em todos os tempos, a propriedade de desnortear os homens: o amor e a natureza do dinheiro. Infelizmente para nós, passa a falar menos do amor do que do dinheiro, mas vale a pena reter, dessa observação de Marx, o seguinte ensinamento: convém usar de prudência quando se trata de amor, e, pesando bem as coisas, seria preferível não falar dele.

O amor é irracional e, além do mais, ilógico, pois pode começar sem razão e terminar sem motivo. Por que Romeu ama Julieta, por que Ximena passa por cima do cadáver de seu pai para unir-se ao seu matador? Não há resposta para esse gênero de perguntas. A palavra "amor" encobre, aliás, uma infinidade de impulsos, de instintos, de sentimentos por vezes contraditórios, sem falar das diversas formas de paixão que abriga generosamente.

O mais certo será, provavelmente, atermo-nos à definição que Voltaire nos oferece no seu *Dicionário filosófico*: "O amor é, antes de mais, o contato entre duas epidermes". Tudo quanto se pode acrescentar a esta constatação realista não faz senão mostrar a insuficiência do nosso vocabulário, que dispõe somente de uma única palavra para designar o *impulso que atrai dois seres um para o outro, quer se trate da relação entre mãe e filho, do gosto pela pintura ou pelos molhos de mostarda. A sabedoria convida-nos a empregar a palavra com grande parcimônia, depois de se ter chegado à conclusão de que ela não tem um sentido compreensível, pois, como dizia Spinoza, "o que uma palavra ganha em extensão, perde em compreensão".*

No entanto, ninguém duvida de que o amor existe.

Se Voltaire tinha um talento terrível, não era dotado de gênio: é constantemente traído pela extraordinária mediocridade da sua poesia e pela baixeza de alguns dos seus pensamentos. Esse que se acaba de citar é a ironia de uma inteligência incapaz de se erguer até à beleza, e que tenta denegrir o que não consegue alcançar. O século XVIII de Voltaire fez com que a palavra "amor" sofresse as mais odiosas deformações, chegando a estampar o seu nome nas deformações mais aberrantes, e a máscara de veludo que tantas vezes se usava nas "festas galantes" não escondia um rosto, mas uma caveira.

A filosofia libertina do século nega a imagem de Deus que se encontra no ser humano, e esforça-se por provar que essa imagem não existe, exasperando a sensualidade com frieza e minúcia, a ponto de fazê-la reproduzir com exatidão a do romano que, com um ignóbil arrepio, consulta as entranhas do cristão espalhadas pelas garras das feras na areia do circo. A literatura erótica de fins do século XVIII provoca ainda a admiração dos pequenos literatos de hoje, que esgotam os fracos recursos da sua arte em compor romances cujas personagens, reduzidas às funções animais, desaparecem a cada página e não deixarão o seu nome impresso em nenhuma memória.

A observação de Spinoza é correta. Não há dúvida de que uma gota de vinho, diluída num litro de água, perde o seu valor, e que uma palavra perde o dela por designar demasiadas coisas. Mas no próximo capítulo veremos que a palavra "amor" na verdade só tem um sentido, e só convém propriamente a uma única pessoa.

Como saber que estamos amando?

Já se observou muitas vezes que o amor, no começo, apresenta todas as características de uma doença: um pouco de febre, que pode chegar ao delírio obsessivo, alternâncias entre períodos de desalento e de exaltação, crises de lágrimas acompanhadas de raciocínios extravagantes e seguidas de deslumbramentos ou representações falazes de uma felicidade imaginária, todos sintomas que permitem um diagnóstico bastante seguro e, infelizmente, nada animador. Além disso, o amor toma, por vezes simultaneamente, as diversas formas da paixão, do desejo, da dedicação, da necessidade de posse, da inveja, do egocentrismo periférico e de outras singularidades mais secretas, trazidas à luz pela psicologia moderna; torna-se assim praticamente impossível saber se é a outra pessoa, ou a nossa própria, que amamos. Em resumo, não há resposta para a pergunta.

No entanto, em matéria de amor, a psicologia de nada serve. É um sentimento que não vem desta Terra, onde sobrevive como pode, e que resiste a todas as análises.

O rapaz a quem a jovem acaba de segredar que se chama Cunegunda, e que murmura: "Ah! Que lindo nome!", pode considerar-se flechado.

Não é a consonância merovíngia desse nome que o cativa ou captura, mas o poder que daí por diante essas quatro sílabas terão para ele, o poder de evocar uma pessoa única e insubstituível. Ao contrário do que poderia sugerir o estado atual dos costumes, o que seduz antes de mais nada o amante é essa alma que mal se vislumbra, e os êmulos do Marquês de Sade bem o sabem, eles que se esforçam por afugentá-la pelos meios mais ignóbeis, com a segunda intenção contraditória de destruí-la e de provar a si mesmos que ela não existe.

Se, como penso, o elemento primordial é a alma, o primeiro movimento será o de admiração, que é sempre acompanhada de um profundo respeito, quase de um estremecimento, e não há nada que admiremos sem experimentar mais ou menos confusamente a necessidade de agradecer, de dar graças.

É por este motivo — ainda que eu saiba perfeitamente que o comportamento inverso se generalizou, e que as pessoas se lançam às cegas umas contra as outras sem passarem pela mais curta fase contemplativa —, é por este motivo que lhes afirmo tranquilamente que poderão reconhecer o amor através deste sinal: o ser que está diante de vocês e os seduziu é, antes de mais, uma obra-prima de Deus.

E esta evidência perdurará, sejam quais forem os atentados da idade e da vida, porque tudo aquilo que um ser perde na sua luta contra o tempo, ganha-o em eternidade. O amor verdadeiro é totalmente indestrutível: já lhes disse, este sentimento não vem da Terra.

Por que casar-se?

Um de vocês é até mais preciso e pergunta: "Por que casar correndo o risco de enganar-se?". Poder-se-ia responder com bom humor: "Para enganar-se uma vez só". Mas um assunto tão sério não deve ser tomado à ligeira. É evidente que os casamentos são hoje menos numerosos do que no passado, e os divórcios, muito mais frequentes. É compreensível que, diante das incertezas do futuro, do desemprego, das ameaças que a guerra lança sobre os povos e da poluição da natureza, da transformação cotidiana dos costumes morais e dos fracassos da geração de idade madura, que não dá nenhum exemplo de constância — é compreensível que, diante de tudo isso, a juventude hesite em contrair matrimônio, essa prisão na qual se terá, para sempre, um único e mesmo companheiro de cela. A expressão "os laços do casamento" exprime com muito acerto o estado de dependência perpétua em que os esposos estão condenados a viver. A ideia de passar toda a vida com a mesma pessoa não seduz muita gente, para não falar do grande risco de se cometer um erro na escolha do parceiro.

Por este motivo, a Igreja, ou pelo menos algumas pessoas da Igreja, conscientes da evolução dos costumes, chegaram a pôr em prática numa diocese da França a fórmula chamada "casamento à experiência", que *consistia em conceder aos futuros esposos um tempo de vida em comum, depois do qual poderiam assumir um compromisso definitivo. Não parece que essa experiência tenha tido continuidade e se tenha estendido, o que é de lamentar: mostraria que a Igreja é por vezes capaz de compreender o seu tempo e de se adaptar às novas mentalidades.*

No entanto, o Evangelho diz: "Que o vosso 'sim' seja 'sim'".

A comparação do casamento e da prisão é uma banalidade de teatro de revista. De qualquer maneira, é preferível estarem dois numa cela a que aí permaneça um sozinho, observando as paredes contraírem-se pouco a pouco com a idade até se juntarem definitivamente. Viver toda a vida com a mesma pessoa é uma perspectiva desalentadora quando não se ama essa pessoa; mas, se há amor, a vida parece excessivamente curta. Aliás, aqueles que receiam tanto passar toda a vida "com uma só pessoa" acabam por passá-la com a sua própria pessoa, e o risco da monotonia é ainda maior; o amor poderia tirá-las do nada, e o egoísmo as devolve ao nada mais ou menos lentamente.

Antes de ser abandonada, a fórmula do "casamento à experiência" já tinha inspirado a João Paulo II estas palavras decisivas: "Ninguém se casa à experiência, como ninguém morre à experiência". O papel das Igrejas cristãs seria bem miserável se apenas consistisse em agravar — com o que lhes resta de autoridade — os erros do mundo, incensando as suas tendências e concelebrando com ele as suas aberrações.

O casamento à experiência nega a própria essência do casamento, que é um compromisso sem retorno, ratificado por um "sim" recíproco sem reservas, um "sim" que seja "sim" e não, como já tive ocasião de escrever, uma aquiescência que flutua sobre as profundezas dissimuladas da restrição mental. A menor falha nesse "sim" inicial causa uma ruptura a longo prazo. Pronunciado com sinceridade, é uma garantia de felicidade, um escudo contra o infortúnio; gera, não um "casal", parelha sujeita a desvios, mas um único ser (Chesterton dizia, com graça e verdade: "Um quadrúpede"), levando a cabo entre o homem e a mulher uma união muito superior à de todas as promessas de igualdade que a lei não consegue cumprir: "Serão dois numa só carne", diz o Evangelho. O que se segue é uma questão de amor, portanto de fidelidade — e, nos momentos difíceis, de honra.

O fracasso é sempre possível, sem dúvida, quer porque o quadrúpede se tenha deformado ao nascer mediante um "sim" reticente, quer porque a tentação o desarticulou, mas estas possibilidades são reduzidas quando tomamos Deus por testemunha do nosso compromisso e fazemos dele o depositário da nossa palavra. Há, evidentemente, outras causas de separação além das que mencionei: a Igreja sempre reconheceu inúmeras outras, e recentemente acrescentou-lhes a imaturidade.

Mas o que nos interessa aqui não são as causas do fracasso, embora tenhamos apresentado uma da qual quase não se fala, e que é a má qualidade do "sim" sacramental. O que procuramos são as condições do êxito, e é evidente que a mais decisiva é a lealdade do compromisso e a abnegação que o acompanha, pois a partir do momento em que Deus é associado a um ato humano, já não é a nossa maneira de ser que conta, é a maneira de ser de Deus que tende a impor-se; todo o cristão deveria saber que esta é feita de verdade, de desinteresse e, especialmente, de esquecimento de si próprio, como no-lo mostra a vida de Cristo, que se designa a si mesmo "Filho do Homem" para tentar fazer-nos compreender que ele nunca se prevalecerá da sua essência divina contra nós.

A "união livre"[1] não é união, mas uma associação que inclui a faculdade de ruptura, à qual raramente se deixa de recorrer cedo ou tarde; e a "liberdade" dessa união não passa de uma forma de avareza em que os parceiros defendem o seu "eu", como Harpagon, o seu tesouro. A "união livre" é uma mera justaposição provisória de solidões, e os filhos que eventualmente venha a pôr no mundo serão órfãos quer de pai quer de mãe, ou dos dois ao mesmo tempo. Existe um risco em

---

1 O tipo do avarento na comédia de Molière — NE.

recusar o risco do dom de si: o de a pessoa se encontrar sozinha, na companhia cansativa das suas próprias mágoas e decepções, depois de um certo número de experiências que se vão fazendo cada vez mais raras e cada vez menos concludentes com o decorrer dos anos, sem falar do frescor que se esvai e da secura que advém.

Se no amor o corpo vem em primeiro lugar, há grandes possibilidades de que esse amor se avilte com ele, e que aquilo que começou no desejo termine na aversão.

Se, pelo contrário — conforme penso e conforme expus no capítulo anterior —, é a alma, essa expressão misteriosa, terna e brilhante da pessoa, que vem em primeiro lugar, então o amor durará tanto quanto ela, e até aumentará, apesar de tudo o que possa atingir os corpos, e as rugas serão os preciosos sulcos de uma tristeza compartilhada. O amor fiel ao seu princípio divino não acabará, como não acabou o seu princípio; e a idade só o fará rejuvenescer, tanto quanto é verdade que só existe um meio de permanecer jovem: ser eterno.

O matrimônio cristão é uma aposta no absoluto; mas é preciso, para ganhá-la, não reservar nada de si mesmo. É certamente por este motivo que, de uns tempos para cá, se vem apostando menos.

O casamento não cria dois cativos, mas uma liberdade a dois. Podemos dizer que é bem-sucedido quando, depois de se ter sido fiel ao compromisso inicial e de a união já se ter tornado natural, os esposos perdem até mesmo a impressão de estarem casados...

Por que os padres não se podem casar?

São muitos os que levantam esta questão, e é compreensível: nunca lhes deram uma resposta decisiva. Obrigar homens a viver em celibato e em continência perpétua é contrário à natureza, e bem podemos perguntar-nos por que a Igreja, geralmente tão pronta a invocar a "lei natural", se recusa a segui-la neste caso. O pastor e o pope casam-se e ninguém jamais alegou que o casamento os tivesse tornado inaptos para anunciar o Evangelho ou para cumprir as demais tarefas do seu ministério. Pelo contrário: é de supor que estejam muito mais bem informados sobre certos problemas que dizem respeito à vida familiar, que em última análise é a vida deste mundo ordinário com o qual a Igreja procura desesperadamente comunicar-se, sem grande sucesso.

Seja como for, a solidão imposta aos sacerdotes é uma dura provação, e causa inúmeros conflitos íntimos que não se podem tratar com a desenvoltura daquele cardeal da Cúria romana dos tempos de Pio XII e de João XXIII, que respondia laconicamente "pasta-fagioli" àqueles que lhe chamavam a atenção para os tormentos do celibato forçado, como se bastasse um bom prato de "macarrão com feijão" para fazer esquecer mulher e filhos.

Por acaso os apóstolos não eram casados na sua maioria? Terá sido Cristo quem exigiu que os seus ministros fossem reduzidos a essa condição desumana, que os torna alheios às alegrias e tristezas dos outros homens?

O celibato eclesiástico não é uma questão de dogma, mas de preceito eclesiástico, e o que um preceito impôs, outro pode desfazer.

No entanto, Cristo disse-nos que alguns "se fizeram eunucos por causa do reino dos Céus".

Observamos, ou deveríamos observar com admiração, que, a despeito de dois ou três séculos de anticlericalismo ora virulento ora dissimulado, ao qual o cinema acrescenta de bom grado a zombaria (há quase sempre a figura de um padre nos filmes italianos e, se por vezes é apresentado como bondoso e bonachão, com maior frequência é ridículo), que a despeito do que chamamos "dessacralização" do mundo e do limitado entusiasmo religioso dos nossos contemporâneos, enfim, que a despeito dos resultados da laicização e da secularização de todas as coisas, a imagem do sacerdote permanece intacta no espírito público. Se isto não chega a ser propriamente um milagre digno de registro nos arquivos de Lourdes, não podemos deixar de nele reconhecer um fenômeno extraordinário.

Creio interpretar corretamente o sentimento popular ao dizer que, para o homem da rua, o sacerdote (como também o pastor ou o rabino, mas com uma espécie de coeficiente suplementar nos países católicos), sejam quais forem os seus esforços para se dissolver na massa e revestir-se da cor do tempo, o sacerdote continua a ser o "homem de Deus", isto é, e muito exatamente, um homem que pertence a Deus, e que só nos é "dado de empréstimo" por Ele. Com efeito, o povo cerca-o de um singular respeito, que subsiste depois que a reputação de "urubu" que acompanhava a sua passagem bateu as asas junto com a sua batina.

É possível que o celibato do sacerdote católico acentue ainda mais o caráter particular dessa pertença a Deus, que o coloca inteiramente à disposição da comunidade e faz dele um homem que vive só para que os outros não estejam sós: o celibato do sacerdote deve torná-lo integralmente disponível; falo em teoria. O povo, contaminado pelo ateísmo, não envolve de modo algum a pessoa do sacerdote — não me refiro à sua função — nessa desconfiança que acabaram por inocular--lhe com relação à Igreja, o que vem a ser uma grande curiosidade psicológica. O povo não se admira demasiado de que o sacerdote, que pertence a Deus, não se case, uma vez que é preciso que as pessoas disponham de si mesmas para poderem casar-se.

O celibato sacerdotal foi instituído pelos próprios sacerdotes, e se o clero resolver um dia abolir essa regra, restará aos leigos aceitar essa decisão sem um só comentário, mesmo que lastimem do fundo do coração que uma das mais difíceis recomendações do Evangelho não seja escutada senão nos mosteiros.

A Igreja está superada

*E*stá *superada há muito tempo, como aliás o próprio cristianismo. Ela assistiu, impotente e taciturna, ao forte movimento da Renascença, que foi a era das grandes descobertas, não somente da América, mas da imprensa, da natureza, do poder da razão e especialmente da inocência do homem, finalmente libertado da tenaz dogmática e da obsessão do pecado. O Século das Luzes viu-a refugiar-se na sombra das suas tempestades e, com exceção de alguns padres de espírito aberto às novas ideias de liberdade, igualdade e fraternidade, viu-a condenar a Revolução Francesa sem compreender que esta marcava a derrubada definitiva da velha teologia política do trono e do altar, o fim das hierarquias verticais e o advento do sistema de relações horizontais que caracteriza as sociedades modernas. A Igreja aliou-se à democracia depois de uma longa resistência, e tarde demais para nos convencer da sua sinceridade. Se lhe acontece margear a história, nunca consegue entrar nela, e caminha quase sempre atrás dela, queixando-se continuamente. Ainda hoje, a Igreja tenta obstruir o progresso das ciências, de modo particular o da biologia e o da medicina. Não vive com o seu tempo.*

No entanto, ela perdura.

É verdade que, se as Igrejas cristãs têm as *palavras de vida eterna*, nem sempre têm as da vida cotidiana. Mas o descompasso que se observa entre elas e o mundo é inevitável: elas encontram-se de certo modo na situação do povo judeu do Antigo Testamento, que caminhava com o mistério da sua aliança no meio das idolatrias circunjacentes. A Renascença foi um fenômeno cultural excepcionalmente luminoso, mas a religião penetra muito mais longe do que a cultura nas profundezas do coração humano, atingindo esse ponto misterioso em que o ser toma consciência de si mesmo, se interroga acerca da vida e da morte, e dialoga na obscuridade com a esperança e o desespero, com o ser e o nada. A Revolução Francesa nunca se propôs responder a esse gênero de perguntas. Ela se fez, dizia Chersterton, "com ideias cristãs tresloucadas". Ou com ideias cristãs que se tornaram "razoáveis", isto é, que foram separadas das suas alegres ambições de beatitude e eternidade.

Quanto à liberdade de consciência, que é a primeira das liberdades, os cristãos morreram por ela no circo romano; quanto à igualdade diante de Deus, a única que não admite nenhuma exceção de direito ou de fato, era para eles uma evidência a que não escapava nem o próprio imperador, cujas efígies se recusavam a adorar; quanto à fraternidade, "ela é entre nós" — escreve Tertuliano — "uma prática corrente, pois pomos tudo em comum... Exceto as nossas mulheres, a única coisa que os pagãos compartilham de bom grado". Os valores da divisa revolucionária são de origem cristã, e a Igreja tê-los-ia identificado mais facilmente, sem sombra de dúvida, se a primeira não tivesse sido desmentida tão cedo pela perseguição; a segunda, pelo despotismo dos comitês; e a terceira, pelo cadafalso.

A lentidão da Igreja em "reconhecer" a democracia só tem equivalente na lentidão da democracia em reconhecer a Igreja. No início do século, assistimos a um verdadeiro concurso de incompreensões recíprocas entre religião e política. O vigário indicava aos fiéis em quem deviam votar, e o oficial que ia à missa era repreendido. Depois, a Igreja lembrou-se de que o seu reino não era deste mundo, embora seja neste mundo que cultivamos a esperança, e a democracia esqueceu as suas raízes metafísicas para limitar-se aos princípios morais em que se baseia a sua legitimidade, dentre os quais o mais indiscutível — também ele de inspiração cristã — consiste em reconhecer uma dignidade igual a todos os homens.

A crítica formulada contra a Igreja de que estaria criando obstáculos ao progresso da ciência e da medicina é examinada nas questões relativas à bioética.

O convite para "entrar na história", periodicamente dirigido à Igreja, é um efeito retórico de uma bela sonoridade provocante e vã. "Entrar na história" consistirá em alistar-se na Marinha de Nelson ou no exército de Napoleão? E que vem a ser a "história", de que se fala como se se tratasse de uma espécie de divindade, filha da evolução, mãe do progresso, infalível apesar de cega, e que sobrevoaria as ruínas das nossas guerras e das nossas loucuras anunciando amanhãs que cantam, em nome de anteontens que choram e de outroras que grunhem nas suas cavernas? No tempo do Evangelho, a história era Tibério, e todos os olhos estavam voltados para Roma. Quem soube do nascimento de uma criança nas redondezas de Belém, ao abrigo de uma gruta? Era exatamente o contrário do que hoje chamaríamos um acontecimento. É que não nos apercebemos da imensa discrição de Deus e da sua inclinação para passar inadvertido.

Quanto à expressão "viver com o seu tempo", é uma dessas frases feitas que costumam servir-nos para disfarçar uma abdicação moral ou um decaimento da nossa combatividade. Se Cristo tivesse "vivido com o seu tempo", a sua aventura certamente teria terminado de forma menos dolorosa: não teria havido aventura alguma. Em vez de contrariar com violência os preconceitos tradicionais, a sua eloquência, fluindo majestosamente pelo leito do conformismo, teria encantado o Sinédrio, e ele acabaria por ser visto, cercado de honrarias, nos coquetéis organizados por Pôncio Pilatos. Em suma, teria entrado na nossa história, e nós jamais teríamos entrado na dele.

Já se sabe hoje, no leste, do lado em que o sol se levanta, que a religião sobreviverá a todos os sistemas. "A verdade vos libertará", diz

Cristo. Palavra de uma impressionante exatidão. Assim como não é necessária uma grande quantidade de plutônio para fazer uma bomba atômica, as menores verdades têm força explosiva incalculável. Bastou que se reconhecessem algumas, no império da mentira, para que esse império começasse a desabar. Ora, a Igreja, pelo Evangelho, tem um pacto com a verdade. Nada tem a recear do tempo. O Evangelho não foi superado. Nunca foi alcançado.

A Igreja é misógina

Tratando-Se da Igreja Católica, é difícil afirmar o contrário. Ela recusa o sacerdócio às mulheres e reserva os cargos e responsabilidades mais elevados aos homens. Antigamente, as mulheres eram encarregadas de distribuir os assentos nas igrejas como alugavam bancos nos jardins públicos; serviam o vigário à mesa, ornamentavam as igrejas com flores nas grandes festas e, se quisessem levar uma vida espiritual intensa, não tinham outro recurso a não ser entrar para um convento — onde aliás se viam novamente sob a dependência de um sacerdote que lhes dispensava os sacramentos, os conselhos ou as ordens.

Hoje, o seu papel é por assim dizer o mesmo, embora já não estejam encarregadas dos bancos das igrejas e tenham sido agraciadas com a responsabilidade de ministrar cursos de catecismo, a sua tarefa mais importante dentre as diversas atividades subalternas que desempenham. Confia-se igualmente às mulheres a direção dos colégios femininos, mas elas não podem organizar nem orientar o currículo nas séries mais avançadas. Como se não bastasse, foi preciso um concílio para lhes conferir uma alma, pois ninguém tinha muita certeza de que a possuíssem. Se a Igreja Católica de hoje amenizou grandemente o seu ponto de vista em relação às mulheres, restam ainda alguns traços da sua antiga desconfiança, tantas vezes expressa em inúmeros textos que não vale a pena *citar, menos um, o de São Paulo, que os resume todos: "Que a mulher se cale na assembleia".*

No entanto, a Igreja venera na Virgem Maria o maior dos seres criados.

Houve sem dúvida na Idade Média pensadores suficientemente extravagantes para afirmar que a mulher era um ser inferior, sob pretexto de ter sido criada depois do homem, segundo narra um dos dois relatos do Gênesis. Mas Aristóteles já observava que não havia um absurdo no mundo que não tivesse tido pelo menos um filósofo que o sustentasse, e essa observação pode ser estendida aos pensadores religiosos que imaginam que o papel do teólogo é o de nos manter atualizados, dia a dia, quanto ao estado das suas opiniões pessoais, quando na verdade deveriam transmitir-nos o pensamento da Igreja.

Os concílios, sobretudo nos primeiros séculos do cristianismo, tiveram por vezes que dedicar mais tempo a condenar erros do que a definir verdades, mas isto não nos autoriza a imputar à Igreja as aberrações que ela denunciou. Seria como censurar o Ministro da Justiça por todos os erros que o Código Penal reprime. O argumento extraído da ordem cronológica da Criação não passa, provavelmente, de uma brincadeira destinada a seminaristas que se preparam para o celibato, e a frase de São Paulo recomendando às mulheres que se calem na assembleia prova antes de mais nada que elas faziam parte dessa assembleia, fato inimaginável nas nossas assembleias parlamentares durante muitos séculos. A emancipação da mulher começou com o cristianismo e ainda está longe de terminar, apesar dos seus progressos.

A pretensa hesitação da Igreja em reconhecer uma alma às mulheres é um disparate desmentido por toda a história cristã. As santas e mártires foram veneradas desde os primeiros séculos, a sua glorificação brilha nas paredes de Ravena e nas igrejas do século VI, e sempre houve tantas mulheres quantos homens no catálogo romano das canonizações, ainda que elas fossem menos numerosas no calendário.

Diversas abadessas medievais governavam súditos masculinos, como em Fontevraud, e são inúmeras as mulheres que reinaram sobre os países: só foram excluídas do trono da França devido a uma lei-fantasma, oportunamente invocada para evitar a anexação do reino à Inglaterra. Também foi a Idade Média que inventou o "amor cortês", essa incursão insólita e fugaz da poesia na história.

Paradoxalmente, o rebaixamento da mulher começou com a Renascença, associado à exaltação da sua beleza física e ao retorno do paganismo que trouxe Vênus e Apolo de volta aos jardins culturais dos grandes deste mundo. Quem visitar a capela funerária de Diana de Poitiers não encontrará nenhum símbolo cristão, e as inscrições que poderá ler sobre o túmulo desta amante do rei Henrique II provêm todas do legado literário da Antiguidade. As mulheres dessa época — pelo menos aquelas que teriam podido desempenhar um papel na sociedade — infelizmente caíram na armadilha de uma idolatria que somente as cercava de adulações para melhor abusar do seu desejo de agradar. Essa turva mescla de adorações hipócritas e de desprezo confessado atingiu, na literatura erotomaníaca de fins do século XVIII, um grau de abjeção que o século XIX não teria podido superar se não tivesse lançado mão da sua grosseria naturalista, bem visível sob a máscara descosturada do romantismo.

Caberia à "Belle-Époque" dar a última demão a esses maus tratos; a "mulher-objeto" seria empacotada e decorada com fitas para tornar-se mulher-presente. Ao mesmo tempo, e como que por reação, essa espécie de jansenismo degradado que havia tomado conta de inúmeros espíritos religiosos não enxergava senão um único pecado no mundo: o da carne, do qual a mulher lhe parecia, sem que ousasse dizê-lo às claras, a única responsável.

A Igreja não é de forma alguma responsável por semelhante evolução, paralela ao declínio da sua influência e contrária aos seus ensinamentos.

Quanto ao sacerdócio feminino, eis a minha opinião. O sacerdote celebra a missa e, para a Igreja Católica, a missa é um memorial da Paixão de Cristo; comporta, pois, a lembrança de uma efusão de sangue ("Este é o meu sangue, que é derramado por vós e por muitos para a remissão dos pecados"). Ora, as mulheres dão a vida, e não a morte. Cabe, pois, aos homens repetir um sacrifício do qual não cabe a elas nenhuma responsabilidade jurídica. Esta dificuldade não aparece nas demais Igrejas cristãs, nas quais a evocação da Ceia é simbólica ou simplesmente comemorativa. Tudo isto não passa de opinião pessoal. Nesta ótica, o sacerdócio não é um "direito" como o direito de voto, mas um "chamado", uma vocação, e se algum dia as mulheres o recebessem, suponho que a Igreja Católica o ouviria ao mesmo tempo que elas.

Por outro lado, seria imperdoável que a Igreja fosse misógina, sabendo como sabe que o Evangelho — que está encarregada de anunciar — começa com Maria e termina com Madalena, a primeira testemunha da Ressurreição.

Aliás, quando dizemos "a Igreja", pensamos geralmente no aspecto temporal dessa instituição que é composta de homens, não de anjos. E certamente o erro mais grave de um determinado cristianismo contemporâneo é o de conservar os olhos obstinadamente fixos na parte terrena da Igreja, recusando-se a ver nela mais do que uma administração, um poder, enfim, o que Platão e Simone Weil chamam "um grande animal". Semelhante Igreja reduzida não é objeto de contemplação, mas um excelente motivo de discórdia.

Por que a Igreja intervém na vida privada?

Não se compreende bem o porquê da sua ingerência neste campo. A Igreja foi encarregada de corresponder ao Evangelho e de proclamá-lo, e não de se introduzir na nossa intimidade para vigiar a nossa conduta. Chateaubriand, mesmo ao homenagear a Igreja pelo "gênio do cristianismo", já observava essa tendência para a tirania que leva inúmeros padres a procurar, no domínio sobre as consciências, uma espécie de compensação para as responsabilidades familiares, políticas ou sociais que o sacerdócio não lhes permite exercer. Nos tempos em que a influência da Igreja sobre a vida moral ainda era preponderante, quantos casais não terão sido psicologicamente destruídos pelo seu "intervencionismo", que introduzia entre os esposos um terceiro elemento indiscreto habilitado a distribuir, em nome do céu, ora a penitência, ora a menção honrosa?

Por outro lado, a Igreja não ensinou sempre que a liberdade é essencial à dignidade do ser humano? Não nos tem ela repetido incansavelmente que o próprio Deus respeita essa liberdade desde o primeiro dia? Por que não o imita desde já, se a sua missão é representá-lo?

No entanto, Cristo deu a Pedro e aos apóstolos o poder de "ligar e desligar".

A liberdade individual não está em causa. Era justamente ela que incitava as consciências perturbadas, ou inquietas, ou — coisa muito comum outrora — arrependidas, a procurarem o sacerdote, detentor por mandato divino do poder de absolver, que aliás já quase não tem ocasião de exercer nos nossos dias, uma vez que ninguém encontra mais em si nenhum motivo de censura, a não ser o de ter sido demasiado confiante ou demasiado bom de vez em quando.

Hoje, a Igreja indica a direção, mais do que oferece diretrizes. Não "intervém" na vida particular, mas nas situações em que a sua velha sabedoria pode prestar ajuda às consciências indecisas ou imperfeitamente informadas. Vários de vocês, melhor, muitos, perguntam por que a Igreja não permite a eutanásia. Temo que confundam eutanásia com a interrupção do tratamento decidida pelos médicos e familiares do enfermo quando o seu estado já é considerado irreversível. O contrário da "obsessão terapêutica" não é a eutanásia, pois esta não consiste em deixar agir a natureza, mas em abreviar artificialmente os dias do enfermo "para poupar-lhe sofrimentos inúteis", não mediante a administração de calmantes — medida que pode ser recomendável —, mas "liquidando-o", seja por que meio for.

Penso que não custará muito enxergar a que abusos pode levar esse gênero de práticas, e quantos corações compassivos, ainda mais emocionados depois de uma visita ao testamenteiro, não acharão que o bom tio rico já sofreu demais...

De que maneira a Igreja — e do mesmo modo as igrejas e a sinagoga — poderia aceitar isso? Ao opor-se, não intervém na vida privada; apenas expõe a moral, e é seu dever fazê-lo.

A lei natural

A religião impõe-nos duas leis: a de Deus, contida nos Dez Mandamentos, resumidos em dois pelo Evangelho — "amar a Deus sobre todas as coisas e ao próximo como a nós mesmos" e a da natureza, cujas disposições se aplicam a essas criaturas que somos.

Algumas seitas levam tão à risca o respeito pela "lei natural" que se recusam a tratar os seus doentes, o que nos parece perfeitamente lógico.

É em nome dessa "lei natural" que a Igreja rejeita os anticoncepcionais, o aborto e até mesmo a "fecundação in vitro" chamada "homóloga", praticada com o concurso de dois esposos legítimos.

Semelhante atitude parece contradizer a palavra de Deus a Adão e Eva: "Dominai a Terra e submetei-a". Não se pode dominar e submeter sem legislar, de maneira que o ser humano, se em nada pode mudar a lei de Deus, de quem recebeu o seu poder, pelo menos tem todo o direito de mudar as "leis da natureza", que pertencem por assim dizer à sua jurisdição. Portanto, quando a Igreja condena tudo o que se afasta da "lei natural", contradiz o próprio Gênesis, para não falar do seu atraso com relação à marcha do século nem da antipatia que suscita nos contemporâneos, que ela censura sem compreender.

No entanto, as *leis da natureza* não devem ser confundidas com a *lei natural*, que conhecemos através da Revelação.

São necessárias aqui, antes de mais nada, umas palavras sobre história. Até o século XIV — ou aproximadamente isso, pois trata-se somente de um ponto de referência, que podemos situar mais cedo ou mais tarde, mais cedo na Itália e mais tarde na Espanha —, Deus era a personagem principal da história, que girava em torno dele como as cidades em volta da sua catedral, e dominava o pensamento, a arte, a vida social e a vida privada. A criatura humana era uma pessoa, feita "*à sua imagem e semelhança*", e como as pessoas são mais importantes do que um amontoado de pedras, havia muitas vezes na pintura uma desproporção entre as pessoas e o cenário; o senhor dominava de muito alto as muralhas do seu castelo, e o santo trazia a sua igreja na palma da mão.

Podia-se encontrar essa desproporção em todas as áreas, mesmo nos costumes, que iam da crueldade à poesia conforme o ser humano retivesse da sua semelhança com Deus somente o poder que acreditava ter recebido dele, ou pelo contrário se visse induzido por essa semelhança à misericórdia e ao amor. A Idade Média não foi uma era de trevas, mas, ao contrário, uma época em que uma luz fulgurante se derramou sobre o homem, sobre as suas grandezas e as suas fraquezas, os seus impulsos e as suas dissonâncias interiores, como nos mostram a variedade de cores contrastantes das suas vestimentas ou a extravagância dos seus penteados. Esses extremos são simbolizados pela manopla de ferro do guerreiro e pela mão de São Francisco perfurada pelos estigmas.

A partir do século XV — um pouco antes ou um pouco depois; trata-se sempre de uma mera referência móvel sobre o mapa das correntes do espírito —, o homem desprende-se do seu fascínio por Deus e volta-se para o mundo: vai perder o seu Pai e atribuir a si próprio uma Mãe, a natureza, a ponto de a expressão "Mãe Natureza" ter-se tornado uma banalidade corrente.

É a época das grandes descobertas, e o homem reencontra no seu caminho as divindades pagãs, que dormitavam com um olho só "no seu lençol de púrpura". Reordena a Criação, não já em torno de Deus, mas em torno de si mesmo: na pintura, a perspectiva dispõe o cenário conforme os olhos do pintor. O homem julga-se ao mesmo tempo admirável e insignificante, admirável pela superioridade que a sua razão lhe confere sobre as demais criaturas, insignificante pelo lugar minúsculo que ocupa no turbilhão do universo. O quadro de Brueghel, *A queda de Ícaro*, ilustra muito bem a nova situação: quase se precisa de uma lupa para perceber o mergulho do herói na imensidade do cenário; a aventura de Ícaro termina como uma minúscula cusparada na água. O ser humano já não é uma pessoa, pois a pessoa é aquilo que, dentro de nós, dialoga com Deus; é somente um indivíduo, que falará muitas vezes de "liberdade individual", mas nunca de "liberdade pessoal".

Encontrar-se-ão outras provas, mais do que são necessárias, desta transformação na literatura do "Século das Luzes", que combina de maneira impressionante a exaltação da espécie e o desprezo pelos seus representantes. O homem é a única consciência em ato do universo, é o ser supremo, e presta homenagem sobre homenagem ao seu próprio gênio, adquirindo ao mesmo tempo uma consciência cada vez mais deprimente da sua insignificância material. Muitos escritores abandonam o herói dos tempos antigos para se dedicarem à descrição minuciosa das enfermidades da espécie e das mediocridades da vida cotidiana.

Nesse meio-tempo, o conhecimento das leis da natureza progride a grandes passos, bem como o ateísmo, e todas as descobertas parecem aproximar-nos do momento ideal em que a natureza terá a delicadeza de explicar-se por si mesma.

Assim foi até meados do século XX, ocasião em que se produziu uma dessas revoluções dissimuladas de que só se toma consciência muito depois, e que mudam insidiosamente toda a mentalidade de uma época: de uns vinte anos para cá, as "leis da natureza" deixaram de ter força de lei. Uma vez tornadas suscetíveis de correção e revogáveis pelo progresso da técnica, as barreiras que opunham à vontade humana passaram a ceder umas após outras, e já não fornecem pontos de referência à razão, que passou a depender somente de si própria, sem que ninguém saiba de que maneira ela fará uso do poder inebriante e fatal de que disporá dentro de pouco tempo.

Penso que a "lei natural", segundo a Igreja, não é um doutrina extraída do exame das "leis da natureza". A "lei natural" é o conjunto das obrigações e das responsabilidades que decorrem, para o homem, da sua natureza de ser criado "à imagem e semelhança de Deus". Em última análise, a lei natural assenta sobre o princípio de que Deus e o homem não podem ser dissociados, e de que o homem, por conseguinte, tem o exorbitante poder de implicar o próprio Deus nos seus atos, tenha ou não consciência disso.

É isto que faz com que o aborto seja tão grave. Não se trata somente, conforme se repete tantas vezes em termos evasivos, de uma "interrupção da gravidez", mas da interrupção de um processo de origem divina, pois o nascimento é sempre um milagre que nem por ser muito comum deixa de suscitar todas as vezes a mesma admiração.

A Igreja pronunciou-se a este respeito, e aqueles que estavam mais decididos a não ouvi-la censuraram-na imediatamente por se ter manifestado, tão estabelecido está neste mundo que a liberdade de expressão é plena e total para todos, exceto para a Igreja.

Sentimos uma enorme simpatia por aqueles que, não podendo ter filhos, recorrem à "fecundação *in vitro* com transplante do embrião", a FIV. Mas a Igreja desaprovou o processo por diversos motivos — aliás, com muito menos rigor do que se costuma dizer. É que o processo requer a intervenção de um terceiro, o que parece difícil de conciliar com a palavra do Evangelho sobre o casamento: "E serão dois numa só carne". Por outro lado — e este argumento é, aos meus olhos, o mais decisivo —, durante o intervalo que separa a fecundação na proveta e o transplante, a criança fica privada da proteção natural da mãe e exposta a todas as manipulações, forte tentação a que não se resistirá por muito tempo.

Além disso, para o sucesso de um transplante, é necessário fecundar diversos embriões, e os que não tiverem sido utilizados serão congelados e mantidos nesse estado intermédio, entre a vida e a morte, à espera de encontrar um receptor ou de serem destruídos depois de um lapso de tempo variável, a menos que sejam destinados à pesquisa, como qualquer animal de laboratório: e aqui está-se a um passo do desconhecido e do horror. Estamos preparados para transgredir, modificar ou abolir "as leis da natureza", mas somos incapazes de fixar regras para esta nova liberdade.

As comissões de ética reconhecem no embrião "um ser humano em potencial", que precisa de respeito; mas são incapazes de protegê--lo. A palavra "potencial" não passa de uma paupérrima sutileza de linguagem. Amandine, o primeiro bebê de proveta francês, terá ensinado a uma multidão de ignorantes — entre os quais eu me incluo — que já era Amandine desde a sua concepção: todas as características da sua futura pessoa já estavam impressas nela. Um embrião não é, portanto, um ser humano "em potencial" — como também os bebês emparedados pelo paganismo nas muralhas da cidade não eram "adultos em potencial"; é um ser humano, e a circunstância de estar em formação não atenua em nada a responsabilidade dos eventuais manipuladores: pelo contrário, agrava-a da maneira mais horripilante, porque é uma violação.

As comissões de ética não são capazes de construir uma moral que regule estes temas porque uma moral do ser humano só pode ser construída em relação a um absoluto, e o absoluto — ou seja, para falar claro, o próprio Deus — costuma ser afastado *a priori* do debate e relegado para o domínio das especulações ou dos sonhos metafísicos. Ou o homem é realmente uma imagem de Deus, e então quem ousaria tocar nele, especialmente quando começa a existir sob a forma misteriosa e frágil de um embrião? Ou não passa de uma geleia de partículas destituída de qualquer cunho divino, e nesse caso por que não cozinhá-lo livremente para o bem dele mesmo — e para o melhoramento da espécie, evidentemente?

Estas reflexões, se por um lado nos levam a condenar essas práticas, não devem levar-nos de forma alguma a condenar as pessoas. No

Evangelho, Cristo fixa da maneira mais rigorosa e mais salutar as leis do matrimônio, mas mesmo assim, noutra ocasião, dirige a palavra a uma samaritana "que tivera cinco maridos" e que vive com um sexto "que não é o seu marido"; e é a essa pessoa em situação irregular que confia uma das mais belas mensagens do Evangelho, sobre a adoração de Deus em espírito e em verdade.

Assim podemos dizer, com infinita gratidão pela misericórdia de Deus, que o cristianismo é a lei — depois da qual só existem exceções.[1]

---

1 O autor refere-se aqui ao adágio teológico que costuma ser expresso assim: "Odiar o pecado e amar o pecador" — NE.

A bioética

Atualmente, a "bioética" é o esboço de uma nova moral que leva em conta as últimas conquistas das ciências, as quais levantam alguns problemas completamente inéditos à consciência universal. Trata-se menos de fixar limites à pesquisa — o que seria inadmissível e, além do mais, ineficaz — do que de enunciar alguns princípios de exploração das descobertas científicas, que são sempre benéficas, mas nem sempre isentas de perigo. Portanto, mais do que de uma moral que se apoie nas proibições, nos deveres e nas sanções, é preferível falar de uma sabedoria cuja elaboração os preconceitos religiosos só poderiam entravar. O enorme afluxo de descobertas da biologia e da medicina modernas cria, a cada dia, novas respostas que a religião não tem condições de oferecer, uma vez que a sua moral se baseia em grande parte na obediência a uma "lei natural" que a ciência modifica e aperfeiçoa sem cessar.

No entanto, não se vê como seria possível edificar uma nova moral ou uma nova sabedoria das ciências da vida, em particular da vida humana, sem que se tenha uma concepção prévia do que é o homem; e a religião, até o momento presente, é a única a propor-nos uma concepção dessas.

Os poderes do conhecimento são hoje mais amplos do que o próprio conhecimento.

Podemos atuar sobre a vida no momento em que esta ainda não passou do estado de promessa, mas não sabemos o que é a vida, mistério irônico ou dom gratuito das estrelas que a teriam outrora semeado na Terra, segundo a última teoria em voga.

Podemos salvar um homem da morte, mas não sabemos o que é a morte, que só nos resta "constatar", aliás de uma maneira que variou muito através dos tempos: antigamente — assim se conta — mordia-se o artelho maior do presumido defunto, para ter a certeza da sua indiferença definitiva perante as provações deste mundo. Mais tarde, passou-se a confiar no testemunho de um espelho, encarregado de recolher o bafejo de um eventual sopro de vida. Confiou-se depois na parada cardíaca, prova aleatória numa época em que ainda não se dispunha dos aparelhos modernos, e por fim, ultimamente, vem-se utilizando o registro encefalográfico linear como atestado de óbito; e no entanto ninguém sabe dizer com precisão em que momento desapareceu o princípio de unidade responsável pela coesão da pessoa.

Sabemos transformar a matéria em energia, mesmo arriscando-nos a dissipar de vez em quando duzentos mil seres humanos sob a forma de luz e de calor, mas não sabemos o que é a matéria.

As nossas descobertas não vêm acompanhadas de um "manual de instruções", e cada dia aumenta mais a diferença entre aquilo que o nosso saber nos permite fazer e aquilo que nos permite compreender: o homem continua um mistério para nós, desde o seu início, que parece mágico, até o seu fim, que dá sempre a impressão de uma anomalia.

Nestas condições, a nova ética, desprovida de qualquer base em que possa fundamentar os seus juízos, vê-se incapacitada de enunciar princípios e só pode emitir recomendações. No fim das contas, tudo acaba por depender da consciência individual dos cientistas, e da ideia que estes façam da condição humana, o que talvez seja tranquilizador para o futuro da pesquisa, mas é pouco tranquilizador para o nosso.

O gênio genético

A origem dessa expressão é incerta. Podemos tomar a palavra "gênio" no seu sentido corrente nos meios militares franceses, onde designa o corpo dos serviços técnicos do exército, ou remontar à sua etimologia: o "genius" era, entre os romanos, a divindade que presidia aos nascimentos.

Esta segunda acepção parece mais adequada do que a primeira, pois é incontestável que o "gênio genético" virá a possuir — em dias não muito distantes — poderes comparáveis àqueles que os antigos atribuíam às suas divindades sobre os elementos determinantes do ser humano. A profecia da serpente do Éden não era, como se vê, tão mentirosa como a tradição o pretende: nós comemos do fruto da árvore do conhecimento e em breve seremos poderosos "como deuses", conforme no-lo prometeu o sutil animal, pois poderemos controlar os caracteres transmissíveis do indivíduo. Não demorará a estarmos em condições de detectar, por assim dizer, no ovo, a causa das doenças hereditárias, e portanto de vencê-las um dia, substituindo por exemplo um gene defeituoso por outro de melhor qualidade; e poderemos igualmente proporcionar ao ser humano uns retoques iniciais que mais tarde farão dele um organismo perfeito.

Não duvidemos: se é verdade que essas realizações não são para amanhã, são para depois de amanhã; a pesquisa caminha nessa direção, e a *pesquisa acaba sempre por encontrar. Evidentemente haverá fracassos, mas todo o progresso tem de pagar esse preço.*

No entanto, o perigo não é que o gênio genético fracasse, mas que tenha sucesso.

Meus jovens, nenhuma das gerações que os precederam se viu jamais colocada pelo destino diante de responsabilidades comparáveis àquelas que os esperam.

A minha geração teve de enfrentar mais de uma intimação da história. Precisou arriscar a sua liberdade pela liberdade, e a sua vida para que a de vocês valesse a pena ser vivida.

Mas a opção moral que enfrentou era fácil, ainda que a ação o fosse menos. Além disso, as tiranias, as revoltas e as guerras não são uma novidade sobre a Terra. A geração de vocês, porém, está prestes a ser lançada numa situação sem precedentes. Vocês não terão de lutar somente pela verdade, como Soljenítsin e os dissidentes russos; pela liberdade, como os participantes da resistência europeia na Segunda Guerra ou os estudantes chineses; ou pela justiça, em nome dos pobres e oprimidos; vocês não terão somente de defender a dignidade do ser humano, mas terão de pronunciar-se sobre a sua própria essência, sobre aquilo que o torna diferente dos animais, sobre o direito que se tem ou se deixa de ter de atuar sobre esse ser humano desde a sua concepção e mesmo antes, manipulando as suas células reprodutoras.

E não digam que estou a conjurar pesadelos apocalípticos, ou que resvalo para a ficção científica. A ciência é a primeira a interrogar-se e a sentir a necessidade de enquadrar numa moral os poderes exorbitantes que pouco a pouco vai adquirindo sobre a espécie. No entanto, as comissões de ética não conseguem senão propor umas quantas interdições ao tráfego de órgãos, à locação de ventres maternos ou à utilização industrial dos embriões. Aliás, que poderiam fazer quanto ao resto? Não podem tentar sequer o vão esforço de limitar a pesquisa sem serem acusados de entravar o progresso da medicina, e sabem muito bem que esse mesmo progresso servirá de álibi a uma multidão de manipuladores que se entregarão às mais extravagantes experiências. O chefe de uma afamada equipe de pesquisadores não sugeriu que se deixasse por conta de macacas fêmeas a gestação de crianças, a fim de poupar à mãe as servidões da gravidez? Certo Prêmio Nobel de medicina francês não conjurava recentemente os seus confrades das disciplinas afins a não empreenderem nada sobre a transmissão do patrimônio genético, sem que a sua atitude tivesse obtido mais eco do que meia dúzia de linhas num jornal? A limitação das experiências dependerá exclusivamente da consciência do pesquisador e da ideia que ele fizer do ser humano, assunto dos mais controvertidos. A lei será praticamente impotente, supondo que se consiga fixá-la; além do mais, não será a mesma em toda parte.

Creiam-me: todas as experiências possíveis serão tentadas, mesmo que produzam monstros. Para nos convencermos disso, basta lembrarmo-nos de que o ilustre Rutherford, decidido a qualquer custo a precipitar partículas atômicas umas contra outras, se limitou a informar os seus correspondentes científicos da hora em que empreenderia essa experiência, então inédita e de resultados absolutamente imprevisíveis.

Vocês terão de interrogar-se sobre a natureza humana e, se não se esqueceram do que lhes ensinaram as suas Igrejas, compreenderão que a única definição válida que alguma vez foi dada do homem é a que se encontra na Sagrada Escritura e na Revelação, que está na origem da nossa civilização e de tudo o que desde há séculos atribuímos — pelo menos verbalmente — à dignidade das pessoas. Qualquer outra definição o rebaixa. Quer faça dele um "animal racional" quer um "animal político" ou, como o ironista grego, um "animal bípede e sem plumas", é sempre apenas um animal, e nada se opõe a que venha a tornar-se um animal de laboratório.

O fato de provir de Deus confere ao homem alguma coisa de sagrado, que qualquer outra origem nega; conserva o cunho do seu Criador, e se nem mesmo esse cunho basta sempre para protegê-lo, que outro sinal nos impedirá então de considerá-lo um amontoado de moléculas modificável segundo o gosto dos manipuladores, que se considerarão senhores da sua evolução, e que aliás já inventaram o termo "evolútica" para designar esta nova tecnociência da evolução dirigida?

Não chegamos a isso? Ainda não, mas caminhamos nessa direção a passo acelerado. Transpusemos já há algum tempo, sem mesmo o percebermos, a fronteira do *Admirável mundo novo* de Aldous Huxley. Se ainda não o leram, façam-no, e compreenderão por que podemos dizer sem o menor paradoxo que o sucesso do "gênio genético" seria pior do que os seus fracassos: ele nos apresentaria um homem "perfeito", isto é, terminado, e satisfeito por ser assim, sem essas falhas e defeitos que mantêm vigilante a sua consciência e que o abrem para o absoluto, um ser que hoje chamaríamos "funcional", perfeitamente adaptado ao seu meio, ajustado à fruição pacífica das suas faculdades físicas e que já não se questionaria mais do que um galo capão.

A referência a Deus é indispensável para dar do homem uma definição que não o deprecie e que torne inviolável a sua pessoa. Já o congelam no estado embrionário, ou o matam com a aprovação da lei; já acontece que lhe dão duas mães: uma que o concebe e outra que lhe empresta o ventre, sem que já ninguém pense no que nos foi dito outrora sobre o misterioso diálogo entre mãe e filho no seio materno. Já se tentou implantar um coração de babuíno num bebê, que morreu por causa disso; já está tacitamente decidido que em breve se lançará mão de outro animal; já se introduziram células humanas em ratos: e provavelmente a experiência será considerada conclusiva quando eles forem inscrever-se na sociedade protetora dos animais. Se não passamos de um amontoado de moléculas destinado a dissolver-se um dia, por que seria condenável mudar-lhe a forma e a composição?

Só Deus pode salvar-nos de nós mesmos. Nunca foi mais necessário. Se ele não existisse, seria hora de inventá-lo. Mas ele existe, e é hora de nos lembrarmos disso.

A Aids

Durante muito tempo, pensou-se que esta doença mortal atacasse apenas os "grupos de risco" (homossexuais, viciados que lançavam mão de seringas contaminadas) ou, acidentalmente, pacientes contaminados por uma transfusão de sangue.

Sabe-se agora que os heterossexuais, ou seja, as pessoas outrora consideradas "normais", não são poupadas: por conseguinte, a pretensa "moral natural" não livra ninguém desse mal, e enquanto se aguarda uma vacina que elimine o perigo, o único meio de circunscrever o flagelo é esse preventivo do qual se faz ultimamente tanta propaganda na televisão.

No entanto, o assunto é de extrema gravidade, e seria preferível que a verdade fosse dita sem rodeios e sem omissões.

Infelizmente, não é o que acontece.

Sabe-se, por exemplo, que espécie de comportamento favorece a transmissão da doença, mas ninguém o diz.

Pretende-se que a homossexualidade seja tida como coisa normal, mas logo se incorre em contradição ao incluí-la nos "grupos de risco". Por que há "risco" em pertencer a esse grupo? Não o dizem.

Não nos dizem também que, se os tais preventivos são eficazes, não são mais eficazes neste campo do que no da contracepção, em que falham frequentemente. Portanto, aqueles que preconizam o seu uso sem o menor cuidado de chamar a atenção para esse fato assumem uma enorme responsabilidade. Não querem, segundo dizem, tornar-se culpados de "não dar assistência a uma pessoa em perigo", mas põem em perigo aqueles que os escutam, pois encorajam as "experiências múltiplas" que só multiplicam os riscos.

Pretende-se que os heterossexuais estão tão expostos como os outros, mas esquece-se de precisar, em primeiro lugar, que o número de doentes entre eles é muito pequeno; em segundo lugar, que geralmente só são atingidos por terem estado em contato direto ou indireto com alguém pertencente ao "grupo de risco"; em terceiro lugar, esquece-se de descontar do número de heterossexuais enfermos os casos devidos a transfusões de sangue contaminado. Isto perfaz um número demasiado grande de esquecimentos e de omissões. Ora, esses esquecimentos e omissões nem sempre são inocentes, e parece que se devem a gente empenhada com afinco em demonstrar que a moral não serve para nada.

Afinal de contas, essas pessoas sabem muito bem que a mais segura das proteções é a fidelidade conjugal dentro do amor natural entre homem e mulher.

A liberdade

Somos tributários da nossa hereditariedade, do nosso meio, da educação que recebemos; somos movidos por paixões e impulsos de origem obscura, e o nosso inconsciente, o nosso subconsciente e até — na opinião de alguns psicólogos — o nosso sobreconsciente não deixam à nossa lucidez senão um espaço de deliberação muito restrito. A história, a sociedade, as convenções, aqueles que nos governam ou aqueles que nos tomam a seu serviço exercem sobre nós uma pressão decisiva; muito raramente temos a possibilidade de fazer o que queremos; os nossos limites físicos e intelectuais reduzem a muito pouca coisa o nosso poder de apreciação e de expressão, refreado além do mais por leis cada vez mais numerosas e coactivas; a nossa religião provém geralmente do meio em que vivemos, que também a recebeu por via de sucessão, e as nossas ideias — quase sempre um reflexo do pensamento difuso próprio da nossa época — são, ainda por cima, orientadas pelas mídias. Se pudéssemos analisar as causas profundas das nossas decisões, perceberíamos que não existe uma só que não seja o resultado de instintos, de apetites, de temores ou de movimentos interiores que não dominamos. Onde está a nossa liberdade?

No entanto, todas as limitações que acabamos de enumerar só provam que a nossa liberdade existe, uma vez que se queixa delas.

Distingue-se com razão a liberdade das liberdades. Estas, definidas pela Declaração dos Direitos do Homem, foram negadas, violadas, ridicularizadas mais ou menos por toda a parte, antes de virem a ser reivindicadas hoje em dia como um direito pela juventude do mundo inteiro, o que talvez lhes garanta um certo futuro. Mas não são as liberdades que examinamos aqui, e sim "a" liberdade, isto é, essa capacidade que o ser humano tem — ou não tem — de agir sem ser predeterminado a fazer aquilo que faz.

Essa liberdade existe. Não consiste em fazer o que se tem vontade, mas também o que não se quereria, por bom-senso, por respeito aos outros, e muitas vezes por amor, primeiro princípio de tudo aquilo que é, foi ou será.

Essa liberdade ultrapassa todas as tendências, os gostos, o interesse pessoal, o egoísmo; vence tudo aquilo que efetivamente poderia "condicionar" o ser humano, e refulge com um brilho magnífico na renúncia de si próprio em favor do outro ou dos outros. Tem por divisa o dom de si, e por insígnia a cruz de Cristo.

Neste sentido, a liberdade é um combate. É o "nome de guerra" da caridade.

Devem-se batizar os recém-nascidos?

Parece mais sensato esperar que a criança esteja em idade de escolher uma religião com pleno conhecimento de causa, e de responder às perguntas que essa religião lhe dirige por si mesma, e não por intermédio de uma madrinha e de um padrinho.

Que sentido tem perguntar a um bebê se ele acredita em Deus, quando ainda não sabe nem falar? Com que direito se lhe impõe uma fé que ele não está em condições de compreender e que possivelmente rejeitará quando puder optar? Além disso, o aprendizado das verdades cristãs exige pelo menos tanto tempo quanto o das matemáticas elementares, e não se pode aceitar alguma coisa sem saber exatamente o que é que se está aceitando. A maioridade legal parece ser a idade mais conveniente para propor o batismo, desde que — evidentemente — o jovem tenha sido preparado para ele mediante uma formação adequada, ministrada em conjunto pelos pais e pelos educadores. Aliás, os primeiros cristãos batizavam-se tardiamente, e alguns esperavam mesmo até à última hora para solicitar esse sacramento.

No entanto, Deus nos diz pessoalmente, por intermédio de Jesus Cristo: "Deixai vir a mim os pequeninos".

Alguns poderão alegar que, na cena do Evangelho que acabamos de mencionar, as crianças acorriam espontaneamente a Cristo, não levadas pela mão dos padrinhos, o que parece vir em apoio da objeção levantada acima; mas é pouco provável que essas crianças tivessem sido instruídas sobre as verdades cristãs, e o próprio Cristo sabia que eram atraídas mais pela sua pessoa do que pela sua doutrina.

A Igreja não é um partido que tenha por função fornecer militantes à política de Deus. Em boa ordem, as coisas passam-se ao contrário: é Deus quem confia as crianças à Igreja, encarregando-a de educá-las no amor à sua pessoa e no respeito aos seus mandamentos. A idade pouco lhe importa. Um bebê recém-nascido não tem mais dificuldades para entender o Santíssimo Sacramento do que um adulto. Talvez — quem sabe — tenha menos.

Quanto ao argumento segundo o qual ninguém tem o direito de "impor" uma religião a uma criança incapaz de submetê-la a análise, é desprovido de qualquer valor. Damos leite à criança antes de ela estar em idade de escolher o uísque, e ensinamos-lhe a nossa língua sem saber se ela não preferiria aprender espanhol.

Finalmente, por volta dos dezoito ou dos vinte anos, a juventude costuma estar mais preocupada com outros assuntos do que com religião, e esse "pleno conhecimento de causa" que gostariam de impor-lhe como condição do batismo é além disso uma exigência impossível de satisfazer: ninguém tem "pleno conhecimento do cristianismo", exceto o seu Fundador.

O conhecimento é um mal?

A religião sempre alimentou uma certa suspeita diante do conhecimento, como podemos ver no relato do Gênesis, de que falaremos mais adiante, em que se lê que Adão e Eva foram proibidos de tocar na "árvore do conhecimento do bem e do mal". O tratamento reservado aos sábios humanistas da Renascença demonstra esta aversão fundamental. Pascal, espírito científico por excelência, não dizia às pessoas do seu tempo que buscavam a fé: "Embrutecei-vos"? Vê-se que ele compreendia a impossibilidade de conciliar o conhecimento com a religião.

No entanto, o primeiro, o mais alto e o mais belo de todos os conhecimentos é o conhecimento de Deus.

A Bíblia fala precisamente do "conhecimento *do bem e do mal*" que, segundo a serpente tentadora, devia tornar-nos semelhantes "a deuses". Trata-se menos de um conhecimento do que de um poder, o de definir soberanamente o bem e o mal absolutos. Crer que se está à altura de fazê-lo é uma ilusão assassina, e a história das ideologias não deixa a menor dúvida a esse respeito: elas não fizeram "deuses", mas escravos que lutam penosamente por desvencilhar-se das suas correntes, justamente com o auxílio da religião.

As altercações entre o humanismo e alguns elementos da Igreja deveram-se à propensão destes últimos para querer governar todas as atividades da inteligência, mesmo naqueles campos em que não tinham competência. Mas, pelo visto, arrependeram-se tão profundamente do seu erro que muitos deles já não ousam pronunciar-se nem mesmo sobre matérias que lhes competem.

A religião nunca foi inimiga do conhecimento. Pede-lhe, simplesmente, que não procure ele próprio reduzir-se aos dados do sensível.

Quanto ao conselho de Pascal, ia dirigido a pessoas que não precisavam ouvi-lo, pois já o tinham posto em prática.

Montanhas de cadáveres e rios de lágrimas dão testemunho de que o homem é incapaz de determinar por si próprio o bem e o mal. A Bíblia brada-lhe isso do mais profundo dos tempos, e apresenta provas em seu apoio, mas ele não lhe dá ouvidos ou despreza as suas advertências: "Belas fábulas" — diz —, "piedosas imagens", e volta-se para os seus sonhos e para as suas hecatombes.

O pecado original (1)

Esta doutrina judaico-cristã, que pretende explicar o mal e a desordem do mundo por uma falta inicial imputada a Adão e Eva, e cometida nalgum lugar misterioso chamado "paraíso terrestre", é contrária à teoria da evolução, cientificamente estabelecida hoje em dia. Com efeito, a evolução postula uma passagem laboriosa e irresistível do elementar para o complexo, que afasta a ideia de uma queda — impossível de ser inserida nesse processo — em benefício de um progresso e de uma espécie de ascensão contínua em direção a formas de vida cada vez mais ricas. A doutrina do pecado original é uma tentativa de explicação metafísica da infelicidade dos homens, e é negada pela observação da natureza.

No entanto, não vemos que vantagem poderia ter substituir um dogma por outro.

Se reduzirmos a evolução à comprovação banal de que há transformações no mundo, e até metamorfoses como a do girino em sapo, ou a da lagarta em borboleta, ninguém pensará em desmentir essa evidência. Mas, se alguém pretende fazer da "evolução" uma espécie de metafísica fundamental do universo, então estamos no direito de nos perguntarmos se essas pessoas não nos consideram um pouco mais atrasados do que os nossos sentimentos religiosos lhes permitiriam pensar.

Não existe apenas um, existem diversos evolucionismos, e não se assemelham entre si. O transformismo de Lamarck não é o evolucionismo de Darwin, que aliás foi modificado pelo neodarwinismo; mas todos os evolucionismos constituídos em teorias científicas têm um ponto comum: todos atribuem à natureza uma aptidão essencial para ir do simples ao composto, o que lhe permitiria elaborar sem mais nem menos uns organismos cada vez mais complexos; essa faculdade de "complexificação" representaria, na natureza, o mesmo papel que a "virtude dormitiva" de Molière no sono. Há no evolucionismo cientificista uma potencialidade cômica ainda inexplorada, mas absolutamente apta para alegrar os corações simples. É "um conto de fadas para adultos", dizia Jean Rostand, também ele evolucionista, que se confessava incapaz de encontrar uma definição melhor e se dizia convencido de que as questões mais agudas do espírito jamais receberiam uma resposta.

E parece que os adultos não são mais exigentes do que as crianças diante dos contos de fadas, pois ouviram sem pestanejar Jacques Monod dizer: "Como os ascendentes do cavalo preferiam viver na planície e fugir à aproximação dos predadores [...], a espécie atual caminha hoje em dia sobre a ponta de um único dedo".[1] No entanto, se esta decisão de galopar sobre um dedo só foi posta em prática pelos cavalos com rigorosa exatidão através dos tempos, e não foi adotada por todo o mundo, é caso para nos perguntarmos por quê. Concedamos mais algum tempo ao cavalo, e ele acabará por colocar ferraduras nos seus próprios cascos, e se as corridas de cavalos perdurarem, certamente transformará duas ou três das suas vértebras num jóquei.

É também um excelente conto de fadas o do peixe evolucionista que resolveu tomar ar fora d'água e começou a enrijecer as suas nadadeiras

---

1 Citado por Rémy Chauvin no seu último livro, *Dieu des fourmis, Dieu des étoiles. Le pré aux clercs*, 1988, p. 32 — NE.

ventrais para poder correr melhor pelas margens. Só não se sabe bem por que se absteve de abrir a sua nadadeira dorsal como um guarda-sol, para aproveitar melhor a praia durante esses milhões de anos em que já não era peixe sem se ter ainda transformado num réptil.

Se a natureza tivesse adotado a teoria evolucionista, jamais teria tido tempo suficiente para atingir os seus objetivos — que por sinal lhe eram desconhecidos — mediante o simples jogo do acaso e da necessidade. Mas ela não é evolucionista, prefere as metamorfoses, e transforma o girino num sapo no prazo de quinze dias. Não preciso dizer-lhes que, segundo o evolucionismo, está inteiramente errada em agir desse modo.

O tempo de gestação das espécies é mais longo na astrofísica, onde se conta por bilhões de anos. "*No começo era o Verbo*", diz o Evangelho. "No começo era o caldo", diz o astrofísico. O formidável desdobramento de energia que se teria seguido ao Big Bang, do qual já falamos, teria produzido um caldo de partículas em virtude do princípio de convertibilidade da energia em matéria. Esse "nascimento" do universo material teria acontecido num momento extremamente breve, há dez, quinze ou vinte bilhões de anos.

A continuação da história é, porém, muito mais laboriosa. As partículas originais, por efeito da simpatia e da confiança que inspiravam umas às outras, sem estarem submetidas a qualquer impulso ou direção exteriores, teriam começado a associar-se, a combinar-se entre si, de modo a formarem — numa gradação de *quarks* para átomos, de átomos para moléculas — arquiteturas cada vez mais complicadas e diversificadas, até conseguirem, depois de bilhões de anos de esforços continuados, compor um professor de astrofísica com óculos e bigode. É o milagroso em estado puro. A doutrina da Criação exigia apenas um único milagre de Deus. A da autocriação do mundo exige um milagre a cada microssegundo.

Numa história que faz do homem um tetraneto da minhoca ou da lesma, elas mesmas derivadas de uma longa coligação de partículas engenhosas e perseverantes, certamente não há mais lugar para uma "queda" do que para um "paraíso terrestre". No entanto, o dogma judaico-cristão da Criação e do pecado original tem, apesar de tudo, uma grande vantagem sobre a magia permanente do dogma cientificista: é muito mais razoável.

O pecado original (11)

Como já dissemos, o "pecado original" é uma fábula pedagógica, não um acontecimento histórico. Nunca se encontrou qualquer traço de um paraíso perdido sobre a crosta terrestre, mas há inúmeros nas mitologias orientais. É impossível acreditar em Adão e Eva quando sabemos que o homem descende do macaco, ou melhor, que ascende do macaco, e que a sua ascensão ainda não terminou: em dois ou três milhões de anos, os antropólogos considerarão os nossos fragmentos com a mesma condescendência enternecida com que estudam os restos de Lucy,[1] essa simpática senhorita, aliás baixinha, cujos traços reconstituídos figuram tocantemente na primeira página do nosso álbum de família.

Por outro lado, a ideia de um pecado inicial — que teria corrompido ao mesmo tempo o homem e a Terra inteira, e cujos efeitos desastrosos se teriam alastrado durante eras e eras através de incontáveis gerações de inocentes — é contrária à justiça e ao ensinamento da Igreja sobre a misericórdia divina. Nessa hipótese da queda original, também não se compreende que este Deus, cuja delicada doçura os católicos proclamam

---

[1] "Lucy" é o nome dado pelo seu descobridor ao esqueleto de uma fêmea de *Australopithecus afarensis*, suposto ancestral do homem. Cf. Jorge Pimentel Cintra, *Evolucionismo: mito e realidade*. São Paulo: Quadrante.

a toda a hora, tenha chegado até o Calvário para pagar o resgate da dívida moral contraída com ele pela humanidade.

Enfim, a doutrina do pecado original é absurda sob todos os pontos de vista, e não custa compreender que a teologia moderna tenha desistido de desenvolvê-la.

No entanto, ou a inteligência parte disso que se acaba de chamar "absurdo", ou acaba por cair no absurdo. Ou ela aceita a revelação contida no Gênesis, e a história adquire um sentido, ou recusa esse ponto de partida e, depois de vagar a esmo durante um tempo mais ou menos grande, choca-se com o absurdo de um mundo sem causa e sem destino, que se elabora a si próprio sem motivo e se corrige a si mesmo às apalpadelas por efeito do acaso, surdo ao interminável lamento da inocência e condenado à escuridão. O "absurdo" do pecado original abre uma imensa esperança; o absurdo do acaso e da necessidade, ou de qualquer outra tentativa de explicação do mundo que rejeita a Deus, é total, definitivo e irremediável. Deixa a consciência humana a sós consigo mesma, e com a morte.

O caráter inspirado da Bíblia não me permite escolha, e portanto considero que no Gênesis Deus me dá a sua versão dos fatos: como não havia eu de aceitá-la? Aliás, percebo imediatamente que esse relato contém tudo aquilo que é preciso saber sobre a condição humana, numa linguagem delicadamente adaptada à minha fraqueza. Quando Deus me diz "Adão e Eva", eu penso "Adão e Eva", pois a fé consiste em aprender a pensar como Deus. Para ele, talvez nunca tenham existido senão "Adão e Eva", repetidos em oitenta bilhões de exemplares desde o começo dos tempos, o que aliás é pouca coisa em comparação com o número de estrelas. Não vejo nenhum interesse em meter um macaco nesta história; além do mais, digo-o de passagem, a fórmula "o homem descende do macaco", que data do século XIX e se deve ao biólogo Haeckel, é hoje considerada desastrada e inadequada, apesar de ainda ser reverenciada como dogma por um certo número de pessoas que encontram nela a dupla vantagem de os subtrair ao divino e de lhes conferir essa espécie de satisfação própria do *self-made man* que "se fez a si mesmo" partindo "do nada".

Talvez seja útil citar algumas passagens desse livro inigualável. Gn 1, 26: "Depois Deus disse: 'Façamos o homem à nossa imagem e semelhança'"; Gn 1, 27: "E Deus criou o homem à sua imagem; criou-o à imagem de Deus, e criou-os homem e mulher".

Estas poucas linhas coincidem admiravelmente com o espírito de contradição dos judeus — de que talvez sejam a fonte —, que vê no homem uma imagem de Deus, ao passo que os povos pagãos preferiam fazer deuses à imagem do homem ou de algum outro animal mais ou menos fofinho. E trazem consigo inúmeras consequências, que infelizmente nos forçam a uma escolha.

Por ora, examinemos cinco:

1. É paradoxal que a religião que afirma da maneira mais irredutível a inacessível grandeza de Deus, de quem ela receia até pronunciar o nome, tenha sido também a única a propor uma "semelhança" entre o homem e o seu Criador. Nenhum gênio humano teria ousado propor semelhante asserção, que se pode e até se deve considerar uma revelação.

2. Esta passagem do Gênesis merece ser comparada com o episódio evangélico do tributo a César: determinados personagens mal-intencionados perguntam a Cristo se os judeus devem pagar tributo. Quer responda "sim" ou "não", atrairá sobre si o desprezo da opinião pública ou a cólera do governo de ocupação. Mas Cristo pede que lhe mostrem uma moeda, pergunta de quem é a efígie gravada nela, e quando lhe respondem: "De César", profere a célebre sentença: "Dai a César o que é de César, e a Deus o que é de Deus".

Ora, nós somos "imagem de Deus", de certa forma a sua efígie. Portanto, temos de ser integralmente devolvidos a Deus. Desconhecer esta obrigação — aliás deliciosa — é o que dá origem à maior parte dos nossos males. Restituímos o mínimo possível a Deus, e erigimo-nos em César da nossa própria pessoa.

3. Segue-se daí — se somos uma efígie — que o nosso "original" é Deus. É nele, e exclusivamente nele, que um dia encontraremos a nossa identidade: consistirá nesse *"nome novo"* de que fala o Apocalipse, um nome que será luz e que nos definirá plenamente na nossa insubstituível singularidade. É inútil procurar noutro lugar. Ninguém, a não ser Deus, poderá jamais dizer-nos quem é que nós somos.

4. Por sermos "imagem e semelhança", conclui-se também que existe em nós uma aptidão para o infinito que nada jamais poderá satisfazer, mesmo que a Terra inteira e toda a massa estelar se derramassem sobre nós. É a esta aptidão que chamamos "espírito", e ela não tem outro interlocutor válido a não ser o próprio Deus, e só pode negar tudo o que não é ele.

Todo o drama da nossa condição está incluído nesses curtos versículos do Gênesis, que nos ensinam que fomos criados "à imagem" do nosso Criador, e por ele tirados do pó. Explicam-nos essa ânsia de superação que trazemos em nós, e por que nos custa tanto mover este bloco de poeira que somos; explicam-nos esse íntimo dilaceramento que vivemos todos os dias, entre os nossos bons impulsos e as nossas quedas; essa luz invisível que nos atrai e essa argila que nos retém; esse debate permanente que nos agita entre um absoluto no qual não podemos deixar de crer e essa mediocridade inconformada que se consola cozinhando uns insignificantes pratos culturais; esse combate incessantemente renovado em nós entre o ser e o nada, entre a esperança e o desespero, ao qual tentamos pôr termo mediante uns acordos de compromisso que tudo comprometem. Todas estas contradições só conseguem o mais das vezes escavar sob os nossos olhos um abismo desalentador entre a alegria que nos está prometida e o sofrimento que temos diante de nós.

5. Ser "imagem de Deus" não é, evidentemente, uma questão de configuração, nem mesmo de inteligência ou de vontade, nem parece estar relacionado com uma ou outra das faculdades que resultam da nossa organização psicológica e que encontramos nos animais,

em grau bem menor, mas já perceptível. É preciso procurar, mais no fundo, uma característica que não se encontra senão no ser humano, e esta característica única na natureza é essa espantosa, essa miraculosa aptidão para a caridade que nos torna capazes de amar com desinteresse, com um amor que não é ditado nem pelo sangue, nem pelo instinto, nem por qualquer desejo de apropriação, um amor desapegado que se enriquece à medida que se dá, que não vive para si mas para o outro, e que o faz existir. Eis a imagem, eis a semelhança com Deus, amor sem limites nem reservas, eternamente renovado pela sua própria efusão.

Conclui-se daí — ou quase — que essa semelhança inclui a liberdade, pois, de outro modo, que seria um amor necessário senão uma servidão? A liberdade não é um valor acrescentado ao nosso equipamento moral, uma hipótese que conduz a esse impasse metafísico do "livre-arbítrio" que tanto preocupou os filósofos, quando ainda havia filósofos que não se alimentavam exclusivamente de dissecações do vocabulário. A liberdade é, para o amor — do qual não pode dissociar-se —, o que as notas são para a música.

A sua primeira manifestação conhecida é o "pecado original", cuja doutrina infelizmente vem sendo abandonada pelos pensadores cristãos, que se sentem obrigados — não sei por quê — a desposar as ideias do seu século de cada vez que este se divorcia delas. Dizem-nos que o "pecado original" é uma parábola, um mito, um conto espiritual. Pouco nos importa. De qualquer forma, tudo vem do espírito, mesmo a matéria, e os cristãos deveriam sabê-lo, eles que cantam no Credo: "Creio no Espírito Santo, Senhor que dá a vida". Além do mais, o relato do Gênesis é, para o meu gosto, a mais extraordinária condensação de verdades sob a forma de imagens que se pode encontrar na Bíblia, até chegarmos ao Evangelho; e eu o tomo — com gratidão — tal como Deus mo oferece.

Como a consciência religiosa contemporânea deixou cair no esquecimento a doutrina do pecado original — juntamente com a do pecado pessoal, cuja existência ela nos lembra com uma voz cada vez mais fraca —, convém resumir aqui a história desse momento fatal. Direi, desde já, que não me interessa absolutamente nada o gênero literário do relato, e que me preocupa muito pouco o seu caráter simbólico, alegórico, histórico ou fabuloso, bem como a data em que foi escrito, e sobre que espécie de material, se em cera, papiro ou couro de cabra. O que me atrai é a verdade divina que contém, e que é transmitida através dessas imagens que é preciso não destruir se não se quiser pô-la em fuga.

Portanto, Adão e Eva (perdoem-me esta digressão suplementar: a hipótese de um único casal humano original já não é, de maneira alguma, rejeitada pelos cientistas) estão colocados num jardim primoroso, do qual alguns dentre nós conservam uma vaga nostalgia num recanto da sua vida espiritual, ao passo que outros transferem essas mesmas delícias para o mundo melhor que se propõem construir.

Adão e Eva são muito santos, e vivem num tempo que não é o nosso, pois ainda está muito próximo da eternidade, e num estado de expectativa bastante perceptível no relato, talvez por causa da falta de diálogo: antes do pecado, só Deus fala; Adão e Eva não respondem. Eles podem comer do fruto de todas as árvores do jardim, exceto do da árvore "do conhecimento do bem e do mal". Deus tinha-lhes dito: "Se o comerdes, morrereis". Não se trata de uma ameaça, trata-se de uma advertência.

Essa árvore do conhecimento é a primeira árvore da liberdade. Adão e Eva eram livres de "abster-se" dela por amor a Deus, e nesse caso o mundo teria sido outro; e eram livres de infringir o mandamento, e foi o que fizeram sob a instigação da serpente, desse escorregão da natureza, desse sinal de subtração, dessa ilusão opalescente e fugidia que agora já não se exprime senão por um murmúrio de cólera sibilante. Adquiriram pelo "conhecimento do bem e do mal" uma autonomia que teve como consequência separá-los de Deus e submetê-los à ordem natural das coisas, a esse tempo que não poupará o pó de que estão feitos e os converterá naquele ser fugaz cujos "dias passam como a erva".

O PECADO ORIGINAL (II)

Assim foi a falta original, na qual se quis observar um tríplice pecado de "concupiscência, desobediência e orgulho". Espero que me perdoem por não considerar adequadas essas acusações. A "concupiscência" diz respeito principalmente ao prazer sensual, vinculado à união dos seres, e não podemos imaginar o Criador condenando a carne logo depois de ter convidado as suas criaturas a crescer e multiplicar-se. Insistiu-se tanto nessa concupiscência que, com o correr dos tempos, se acabou por assimilar o pecado original ao "pecado da carne", e a ele só. A "desobediência" lembra a vida militar, e evoca antes uma delegacia de polícia do que um castigo inextinguível lançado sobre todas as guarnições até o fim dos tempos. Quanto ao "orgulho", não me parece exprimir exatamente o estado de espírito dos culpados, nos quais se percebe mais curiosidade do que autossuficiência; a atitude que adotam não é de desafio.

Sem dúvida, será preciso procurar mais longe. Talvez o ser humano se tenha escolhido a si mesmo nesse dia, usando da sua liberdade contra o amor e desmentindo, de certo modo, a imagem de Deus que nele está e que, como vimos, consiste numa disposição pura para a caridade. Foi então que o homem perdeu a luz com a qual a presença de Deus o revestia: "E eles viram", diz a Bíblia, "que estavam nus", isto é, reduzidos à sua argila. Assim nasceu a consciência pessoal, como que solidificada nesse "eu" de que nos custa tanto sair para irmos ao encontro do outro, dos outros e de Deus; assim eles se tornaram — por assim dizer — "pessoas", e é efetivamente nesse momento que o diálogo começa no texto. Este pecado do espírito contra o espírito provoca o apagamento de Deus e o obscurecimento da sua imagem em nós.

Adão e Eva não foram, portanto, nem corrompidos nem viciados no seu ser. Privados da presença imediata de Deus, foram entregues às causas segundas — isto é, às forças naturais — de um universo inacabado, porque o pecado original interrompeu a obra divina: "Deus viu que tudo era bom", diz o Gênesis, e não que "Deus viu que tudo era perfeito", pois ainda restava a Adão povoar e dominar a Terra.

Mas — e eis o milagre do gênio divino —, é da nossa própria imperfeição que nascerá a caridade, a qual não teria existido na história de um mundo perfeito e predestinado ao bem. A caridade, que só se encontra no ser humano e nunca se encontrou na natureza, ultrapassa todas as nossas diferenças e desigualdades, entre aquele que tem e aquele que não tem, entre o mais e o menos, entre o enfermo e o são, entre o prisioneiro e o seu visitante; eclode na ternura de um olhar, arde nos corações sensíveis ao sofrimento alheio, vibra na compaixão — a sua nota mais profunda —, surge da contrição, dissipa as sombras na rajada de alegria do perdão, e aparece, misteriosa e perfeitamente legível, no sorriso da criança pequenina que diz, mesmo enquanto ainda é incapaz de falar, que traz em si o desejo de amar e de ser amada.

A consciência de estar inacabado mantém o ser humano aberto ao infinito, e as provações que a desordem do mundo ou da sua própria vida lhe infligem impedem-no de voltar a fechar-se. É neste sentido, penso eu, que podemos dizer que Deus tirou desse mal que foi o pecado este bem tão grande: a faculdade de nos regenerarmos no amor. O amor, desde a expulsão do jardim, clamava por Jesus Cristo que, adotando a nossa condição, era o único que podia devolver a limpidez a essa imagem de Deus que está em nós, e que podia tornar-nos aptos para essa troca de identidades entre Deus e a sua criatura que é o cume da vida cristã.

Quanto às provas do pecado original, são supérfluas. Basta olharmo-nos no espelho pela manhã, em jejum, para comprovar que indubitavelmente alguma coisa claudicou neste mundo. Aliás, o "pecado original" é por nós repetido cada vez que o nosso egoísmo recusa aquilo que lhe poderia custar, ou até mesmo aquilo que nada lhe custaria: o "pecado original" poder-se-ia chamar "pecado inicial", pois está na raiz de todos os outros. Mas Deus é Deus, e por mais que nos obstinemos em degradar a sua imagem em nós, penso e espero, pelo amor da sua beleza, que ele não deixará perder-se nenhuma dessas imagens que somos nós.

Por que há injustiça no mundo?

O mundo está repleto de injustiça, de opressão, de repressão, de violências e de toda a espécie de males que não existiriam se Deus fosse tão bom como os católicos dizem. Os seus pregadores não gostam de saudar nele o "Senhor da história"? Portanto, as nossas desgraças são culpa dele, quer ele as queira, quer somente as permita.

No entanto, é desonesto transferir para Deus a responsabilidade das nossas faltas e dos nossos crimes. Se ele interviesse em cada um dos nossos atos, Karl Marx teria razão ao acusar a religião de "alienante", pois seríamos incapazes não só de fazer o mal, como também de fazer o bem por iniciativa própria: deixaríamos de ser pessoas, não seríamos mais do que moléculas do vasto universo, e levaríamos a vida dos corpos celestes, que só se comunicam entre si através da lei da gravitação. Essa mania de organizar a vida dos indivíduos de tal modo que nunca tenham escolha é própria somente dos ditadores.

Se puséssemos em prática os dois mandamentos da Escritura: "Amarás a Deus sobre todas as coisas e ao teu próximo como a ti mesmo", que Cristo nos diz resumirem a lei e os profetas, não haveria injustiças ou violências neste mundo.

Quanto à expressão "Senhor da história", convém proscrevê-la por causa da terrível ambiguidade que contém, pois de certo modo parece associar Deus às nossas infâmias. A história humana é "o ruído e o furor" de que fala Shakespeare; não implica Deus, a quem pelo contrário rejeita com todas as suas miseráveis forças desde o começo dos tempos. Se é verdade que Deus entrou na nossa história por meio de Jesus Cristo, não foi certamente para nela assumir o poder, mas para renunciar ao poder que tinha, para procurar, despertar, reanimar e recolher a fé que é, em nós, a réplica obscura e sem preço da sua própria generosidade.

Que existe depois da morte?

*A*o que parece, nada existe. Com efeito, não se discerne num cadáver nenhum elemento imaterial de sobrevivência que escape ao processo de decomposição. "Não encontrei a alma sob o meu escalpelo", dizia Claude Bernard. Também já não a encontramos no discurso religioso, tão imprecisa e pouco localizável no ser humano é esta noção. Aliás, já se renunciou igualmente às imagens medievais do "céu", onde as almas bem-aventuradas se moviam em torno de Deus agitando palmas e entoando cânticos, atividade monótona que Descartes temia não conseguir suportar. Até a Igreja parece hesitar sobre este assunto, pois por um lado convida-nos à esperança, e por outro suplica para os defuntos a graça do "repouso eterno". Hoje temos uma religião muito mais razoável, que procura dedicar as suas forças à realização, nesta Terra, desse "mundo melhor" que antigamente se situava no Céu.*

No entanto, Cristo disse: "Bem-aventurados os que choram, porque serão consolados". Quem os consolará, se não ele, e como poderão ser consolados sem aqueles a quem amaram?

As objeções não se sustentam.

1. "Século das mãos", dizia Rimbaud do seu tempo, e é preciso constatar que o científico século XIX tinha uma mão especialmente

grosseira. Um elemento imaterial escapa, por definição, à pinça e ao bisturi. Se Claude Bernard tivesse encontrado a alma sob o seu escalpelo, teria descarregado um rude golpe na religião.

2. Descartes, efetivamente, receava entediar-se contemplando a Deus durante "dez mil anos". Mas nunca lhe ocorreu a ideia clara e distinta de que Deus poderia entediar-se muito antes contemplando Descartes. O nosso grande agrimensor dos limites do bom senso ignorava tudo a respeito da contemplação, que não está submetida nem ao tempo, nem à extensão, nem às leis do Instituto Nacional de Pesos e Medidas.

3. Os materialistas comprazem-se em atribuir aos nossos ancestrais erros que estes não cometeram, e sobre os quais aqueles triunfam facilmente. Sorriem com condescendência da ingenuidade dos antigos, que, segundo eles, julgavam que a Terra era plana como uma mesa. Ora, os antigos sabiam muito bem que a Terra era redonda, e Aristóteles atribuía-lhe a forma de uma pera inflada.

Zombam igualmente desse Paraíso que os pintores colocavam acima das nuvens, num céu sobre o qual os materialistas, essa espécie enternecedora, julgam saber que está vazio de qualquer presença.

Mas o Céu é o universo espiritual de Deus. Não somente existe, mas cerca-nos, envolve-nos e atravessamos, tal como somos incessantemente atravessados sem o sabermos por uma quantidade enorme de radiações e mesmo de partículas que não nos são menos impalpáveis.

4. Temos certamente o dever de trabalhar na construção de um mundo melhor, e conseguir um mundo menos mau já seria um sucesso apreciável. Mas seria um absurdo reduzir as nossas esperanças a uma administração mais satisfatória desta Terra, lançando na conta de lucros e perdas todas as infelicidades do passado e do presente, como se se tratasse exclusivamente dos resíduos inevitáveis das nossas futuras realizações políticas. Todas essas lágrimas, todo esse sangue que transborda da nossa história, terão servido apenas para edificar uma cidade terrestre ideal, cuja inauguração será constantemente transferida para uma data futura?

Lembro que, no Apocalipse, a Nova Jerusalém desce do céu, e não sobe da terra como se fosse uma outra Babel fadada ao desmoronamento.

Enfim, quando a Igreja fala do "repouso eterno", pensa no nosso pobre corpo, que será depositado por tempo indeterminado num desses cemitérios que são meros vestiários da ressurreição.

Que existe depois da morte?

Para nos atermos à fé, que crê na ressurreição, e à razão, restrita ao perímetro dos sentidos, a resposta é simples: a morte é um piscar de olhos.

Os olhos da carne fecham-se para o mundo e abrem-se imediatamente para a ressurreição, pois os séculos não contam para nada, uma vez que o tempo foi abolido. Quanto ao corpo, isto é tudo o que a fé pode dizermos, se a obrigarmos a olhar unicamente para o material — o que, aliás, não é prestar-lhe nenhum grande serviço.

Mas por acaso o ser humano reduz-se a um corpo, a um condensado de moléculas que, mais dia menos dia, serão dispersadas pelo vento? A fé sabe mais do que isso pela Revelação, e a experiência mística pode dizer ainda mais.

A fé aprendeu de Cristo que *"nem olho algum viu, nem ouvido algum ouviu o que Deus preparou para aqueles que o amam"*. Atenta a todas as palavras do Evangelho, ela conserva no seu coração uma palavra cujo sentido geralmente não é compreendido de todo.

Interrogado pelos saduceus a respeito da ressurreição, em que não acreditavam, Jesus diz-lhes o que seremos quando tudo tiver sido cumprido, e acrescenta umas palavras cujo alcance nem sempre compreendemos, talvez porque ele próprio as enuncia como uma trivialidade escriturística: "Além disso, não disse Deus a Moisés: 'Eu sou o Deus de Abraão, de Isaac e de Jacó'? Ele é, pois, Deus de vivos". Conclui-se, o mais das vezes, que Deus é o Deus da vida, não da morte, quando na verdade ele acaba de nos revelar, como que por descuido, um segredo sem preço: Abraão, Isaac e Jacó estão vivos, apesar de terem desaparecido há muito tempo, e essa morte, que é uma dura realidade para nós, não existe para Deus. Todo o ser feito à imagem de Deus traz um nome que exprime a sua pessoa, e essa imagem é indelével, esse nome, Deus nunca o esquece, e essa pessoa, quer tenha tido um instante, quer um século de vida, como poderia deixar de viver nele, quando sobrevive até na nossa franzina memória?

Quanto à experiência mística, ela nos confere a certeza de que "após a morte" está Deus, e isto será — eu lhes garanto — uma enorme surpresa para muita gente. Perceberão, com aquele espanto que senti no dia da minha conversão e que ainda perdura, que há "um outro mundo", um universo espiritual feito de uma luz essencial de brilho prodigioso, de doçura perturbadora; simultaneamente, tudo o que lhes parecia inverossímil na véspera parecer-lhes-á natural, tudo o que lhes parecia improvável tornar-se-á deliciosamente aceitável, e tudo quanto negavam ser-lhes-á alegremente refutado pela evidência. Perceberão que todas as esperanças cristãs eram fundadas, mesmo as mais loucas, pois ainda não são suficientemente loucas para dar uma ideia justa da prodigalidade divina. Verificarão, como eu verifiquei, que os olhos da carne não são imprescindíveis para receber essa luz espiritual e esclarecedora, que pelo contrário nos impediriam de vê-la, e que essa luz ilumina em nós uma parte de nós mesmos que não depende de modo algum do nosso corpo. Como é possível esse fenômeno? Não o sei — não o sei mesmo —, mas sei que o que digo é verdade.

O sofrimento

Já se disse com razão, e hoje repete-se até nas igrejas, que o "sofrimento não tem valor em si". A sua ação é puramente negativa; enfraquece, degrada, por vezes até avilta o ser humano. Reduz a sua autonomia, quando não a aniquila, tornando o homem inteiramente dependente dos outros. Perturba, deforma ou extingue as suas faculdades, e leva-o ao desespero ou, no melhor dos casos, a uma resignação espreitante, em que a pessoa, como que recluída no mais profundo de si mesma, nada mais espera do que a face cavernosa da libertação, que será a última visita que receberá.

O sofrimento é a pedra de escândalo de todas as sabedorias e religiões: as mais prudentes contornam-no ou fingem não percebê-lo. Sabem que o sofrimento, particularmente o sofrimento dos inocentes, é injustificável e não se compagina com a hipótese de Deus, a menos que façamos dele esse ser indiferente e distante diante de quem Baudelaire, sem grande esperança de ser ouvido, resumia toda a história da humanidade nesses terríveis versos em que evocava "aquele soluço ardente que rola de idade em idade, e vem morrer aos pés da vossa eternidade".

O sofrimento não só deve ser combatido, coisa de que ninguém discorda, como é preciso negar-lhe também todo o sentido e utilidade, se não se quiser cair num "dolorismo" que não passaria de um vício como outro qualquer; além de que não é preciso dizer que muitas vezes provoca a perda da fé em muitas pessoas, e impede outras de crer.

No entanto, Cristo sofreu, e chegou a dizer-nos que teria de passar pela dor "para entrar na sua glória", sabendo-se que a glória, em Deus, não é outra coisa senão a irradiação visível do amor.

O sofrimento é a questão das questões. Apresenta-se com o primeiro grito da criança que vem ao mundo, e não cessa de nos perseguir até o fim, diante daquele que se afasta da margem dos viventes impelido pelo sopro poderoso da agonia. Negar o valor do sofrimento não é ajudar em nada os doentes; pelo contrário, é arrancar-lhes mais alguma coisa; é uma indignidade. Os enfermos são criadores de caridade no meio em que se encontram, e nisso assemelham-se a Deus: quem poderá considerar-se seu igual? Têm o poder de nos tornar melhores, por um só instante que seja; não lhes agradeceremos este benefício? "Estive doente e me visitastes", diz-nos Jesus Cristo, e não: "Estavas doente, e aqueles que foram visitar-te merecem toda a minha simpatia". *Ele é* o enfermo, o leproso, o prisioneiro, o inválido, e isso significa que, neste pobre ser que nós somos, todo o déficit é uma forma da presença de Deus; quem não compreender isto, nunca compreenderá coisa alguma do cristianismo.

Acontece, com efeito, como se lembrou nas objeções que precedem esta resposta, que, sob o golpe de uma adversidade repentina, ou diante da notícia de um mal irreversível que atingiu uma pessoa querida, alguns dizem ter "perdido a fé". Muitas vezes, porém, essas pessoas sofredoras só perdem a fé para devolvê-la a nós, pela sua coragem, pela sua perseverança, pela sua paciência, que suscitam a nossa admiração e testemunham que o ser humano é maior do que a sua condição, e que existe uma beleza de alma a respeito da qual alguma coisa em nós sussurra que ela é incorruptível.

Nestas condições, falar da "falta de sentido" ou da "inutilidade" do sofrimento demonstra um embotamento espiritual. Evidentemente, tem razão aquele que diz que um sofrimento doentio, desejado e procurado em si, não passa de um prazer vicioso, que facilmente se transforma em abjeção; só falamos aqui do sofrimento imposto, daquele que Cristo, no Jardim das Oliveiras, pediu por um instante que lhe fosse poupado, antes de aceitar-lhe o amargor.

Esse indesejado não espera que o chamemos, e não poupa ninguém. Aparece quando menos o esperamos, e insinua-se até na felicidade, cujo caráter precário nos faz sentir. Por vezes, nós mesmos o produzimos pelas nossas reticências em dar-nos — porque, se Deus é efusão, nós tendemos a ser retenção —, e semelhante avareza da qual nem sempre tomamos consciência forma em nós essas dolorosas concreções de dejetos que são o equivalente psicológico daquilo que a medicina chama "cálculos". O dom de si, que na infinitude de Deus é alegria, é transformado pelos nossos limites em sofrimento.

Não me refiro aos males que os homens infligem uns aos outros pelo seu egoísmo, pelas suas ambições, pela sua voracidade e fanatismo, ou aos desdobramentos desse ódio rapace que ainda cobre com a sua sombra o calvário de Auschwitz, nem a todas as abominações de que nos tornamos capazes ao exercermos abusivamente a nossa liberdade. De todos esses horrores e devastações, somente nós carregamos a responsabilidade. O nosso século realizou prodígios, é inegável, mas não se distinguiu menos no que diz respeito ao massacre e à mentira, e é insuportável vê-lo, ainda todo lambuzado dos seus crimes, voltar para o cristão a face lívida de Caim e perguntar-lhe: "Onde está o teu Deus?", quando acaba de matá-lo no justo e no inocente.

Deixo o nosso século com as suas obras, e volto ao sofrimento que está vinculado, não às nossas perversões morais, mas à nossa condição humana, exposta a cada instante à separação e à morte. Quem nos acusará por sermos frágeis, efêmeros, sujeitos à decadência e ao inelutável?

Até aqui, como uma criança que, com um espelho na mão, reflete um raio de sol sobre a ponta de um fósforo para acendê-lo, esforcei--me por fazer incidir sobre todas as respostas deste livro essa luz que inesperadamente me ensinou, num dia de julho, que Deus era uma doçura misericordiosa e invencível, uma caridade pura, que todas as outras verdades eram apenas reflexos dessa verdade; e é sobre esse elemento irracional que se chama "amor" que tentei fundar a lógica da minha argumentação.

Mas agora que tenho de falar do sofrimento do inocente, já não se trata de imitar a criancinha que tenta agarrar o raio de sol que penetra pela janela; trata-se de entrar no próprio sol.

Conheci, ou penso ter conhecido, na barraca dos judeus do Forte Montluc, no tempo dos Barbie e dos fornecedores das fossas comuns, toda a espécie de sofrimento que a perseguição e a barbárie podem extrair do corpo humano e dessa alma indefesa que não é mais do que uma vibração inaudível, um sopro desalentado, um bafejo de réquiem. Vi aqueles que não eram mais que chagas, dilacerados por golpes da nuca aos pés, e que se moviam com mil precauções, como se estivessem numa invisível loja de cristais; aqueles que haviam sido asfixiados em água fria, e que não paravam de tremer sob as suas cobertas, trazendo ainda nos olhos a esteira de uma fuga aloucada e impossível; aqueles que, hesitantes, voltavam à vida, como se temessem que o ódio, encontrando-os ainda de pé, viesse agarrá-los pelo pescoço para levá-los de volta ao suplício; aqueles que tremiam dia e noite pelos seus familiares, livres — mas por quantas horas? — ou presos — mas em que espécie de cárcere? Aqueles que caminhavam na direção dos fuzis a passos de autômato, com o olhar cravado além do real; aqueles que os verdugos, ébrios do sentimento da sua onipotência, martirizavam moralmente, aplicando-se a humilhá-los, a destruir neles tudo o que ainda conseguia ter esperança, de modo a fazê-los experimentar lentamente, minuciosamente, o crescimento de um inexorável processo de eliminação.

Durante muito tempo, as garras do sonho transportavam-me quase todas as noites de volta àquele recinto de todas as desolações, onde eu pensava ter vivido tudo quanto os nervos humanos podem suportar sem se romperem.

O SOFRIMENTO

Não sabia ainda que existia uma dor que resume todas as dores, e vocês não imaginam com que receoso ardor desejo que ela lhes seja sempre poupada. Ainda hoje, não tenho forças para descrever esses momentos fúnebres em que, na transtornada ordem das coisas, o Céu não passa de indiferença, a Terra, de uma promessa de corrupção, e em que se viu pela última vez o rosto de um filho através da fresta de um caixão de madeira. Não existe dor maior.

O tempo a atenua, mas nunca a afasta muito, e, para que ela volte a invadir-nos, basta um objeto, o perfume de uma planta, um nome que nós mesmos já não pronunciamos, o canto de um pássaro, um certo silêncio, um nada. Depois, um dia — que será outro dia de revelação —, ao dobrar uma esquina, a lançada da lembrança voltará a atingir-nos pela milésima vez; mas de repente compreenderemos que nada poderia ser pior que o esquecimento, que aquele sofrimento que um dia quebrou violentamente os nossos limites é a prova de que um dia amamos, de que essa prova é a própria justificação da nossa existência, o nosso bem mais precioso, o único que levaremos conosco quando tudo o mais retornar ao pó. Sentiremos a profunda conivência entre o sofrimento e o amor na nossa natureza perecível.

Ao vermos como o sofrimento, com uma força quase infinita, nos terá ao mesmo tempo unido indissoluvelmente aos nossos, aberto à compaixão e tornado atentos à mais episódica lágrima de uma criança, ao vermos como ele nos tornou mais sensíveis à tristeza e à solidão dos outros, de todos os outros, ao vermos enfim como já neste mundo ele se transforma em caridade, pensaremos na Paixão de Cristo, que se encontra no coração da nossa fé. E compreenderemos — ou melhor, saberemos, veremos —, deslumbrados, que, se a justiça e a misericórdia podiam perfeitamente ter evitado o caminho da cruz para salvar os homens, o Amor encarnado não podia ter encontrado outro.

Direção geral
Renata Ferlin Sugai

Direção de aquisição
Hugo Langone

Direção editorial
Felipe Denardi

Produção editorial
Juliana Amato
Gabriela Haeitmann
Karine Santos
Ronaldo Vasconcelos

Capa
Karine Santos

Diagramação
Sérgio Ramalho

ESTE LIVRO ACABOU DE SE IMPRIMIR
A 21 DE JANEIRO DE 2025,
EM PAPEL PÓLEN BOLD 70 g/m².